CB077034

O Pingo de Azeite:
A Instauração da Ditadura

Coleção Khronos
Dirigida por J. Guinsburg

Equipe de realização – Revisão: Kiel Pimenta e Sílvia Cristina Dotta;
Produção: Ricardo W. Neves e Sylvia Chamis.

Paula Beiguelman

O Pingo de Azeite:
A Instauração da Ditadura

EDITORA PERSPECTIVA

2ª edição

Direitos reservados à
EDITORA PERSPECTIVA S.A.
Avenida Brigadeiro Luís Antônio, 3025
01401-000 – São Paulo – SP – Brasil
Telefone: 885-8388
Fax: 885-6878
1994

SUMÁRIO

SIGLAS 9
CRONOLOGIA 10
APRESENTAÇÃO 16

PRIMEIRA PARTE: OS FATOS 17

O 1º Ato Institucional. Castello Branco assume a presidência . 18
A prorrogação do mandato presidencial 30
A política econômica 33
A desordem política 35
Lacerda se dissocia de Castello Branco 38
A nova política de minérios 40
O acordo para garantia de investimentos 42
A operação São Domingos 42
As eleições de 1965 45
O AI-2 53
A imposição de um novo sistema partidário 61
A sucessão presidencial em pauta 63
As eleições de 1966 69
A elaboração da Carta de 1967 75

Últimas medidas do governo Castello Branco 81
O governo Costa e Silva. Primeiros confrontos. A Frente
Ampla 84
A insatisfação dos políticos. Pressão para a abertura 95
A orientação para o endurecimento. A resistência geral e o
isolamento da ditadura 98
As escaramuças que culminaram no aprofundamento da
ditadura 115
O AI-5 127
O impedimento de Costa e Silva e a nova sistemática da sucessão presidencial 134
Sufocamento das divergências dentro das Forças Armadas e
homologação do nome de Garrastazu Médici 137
A emenda de 1969 à Constituição de 1967 143

SEGUNDA PARTE: ELEMENTOS DO DOSSIÊ E ESTADO DA QUESTÃO 149

DEPOIMENTOS ANALÍTICOS 150
CONSIDERAÇÕES COMPLEMENTARES 178
BIBLIOGRAFIA SUCINTA 184

SIGLAS

AI – Ato Institucional
CCC – Comando de Caça aos Comunistas
CGI – Comissão Geral de Investigações
DOPS – Departamento da Ordem Política e Social
ESG – Escola Superior de Guerra
IPES – Instituto de Pesquisas e Estudos Sociais
IPM – Inquérito Policial-Militar
ISEB – Instituto Superior de Estudos Brasileiros
OEA – Organização dos Estados Americanos
ONU – Organização das Nações Unidas
PAEG – Programa de Ação Econômica do Governo
SNI – Serviço Nacional de Informações

Partidos políticos extintos:
PSD – Partido Social Democrático
PSP – Partido Social Progressista
PTB – Partido Trabalhista Brasileiro
UDN – União Democrática Nacional

Partidos políticos criados:
ARENA – Aliança Renovadora Nacional
MBD – Movimento Democrático Brasileiro

CRONOLOGIA

1964

9 de abril – O Comando Supremo da Revolução promulga um Ato Institucional para vigorar até 31 de janeiro de 1966.

10 de abril – Iniciam-se as cassações de direitos políticos.

11 de abril – O marechal Humberto de Alencar Castello Branco é eleito pelo Congresso para completar o período presidencial em curso, a encerrar-se em 31 de Janeiro de 1966. Toma posse no dia 15 de abril. Seu vice é o deputado José Maria Alkmin.

8 de junho – É cassado o mandato do ex-presidente Juscelino Kubitschek, então senador por Goiás.

13 de junho – É criado pela lei n. 4.341 o Serviço Nacional de Informações (SNI).

22 de julho – O Congresso prorroga os mandatos do presidente da República e do vice, até 15 de março de 1967.

14 de outubro – A lei n. 4.428 autoriza a aquisição das empresas controladas pela AMFORP (American & Foreign Power).

1965

6 de maio – Fuzileiros navais norte-americanos desembarcam na República Dominicana.

28 de maio – O presidente Castello Branco, em discurso pronunciado em Teresina, defende o conceito de *fronteira ideológica* para justificar a participação brasileira na luta interna que se travava na República Dominicana.

28 de maio – No mesmo discurso, o presidente defende a realização das eleições para governador e vice, abrangendo onze Estados, desde que cercadas de "cuidados" com vistas à consolidação do regime.

3 de outubro – São realizadas as eleições estaduais, por sufrágio direto, saindo o PSD vitorioso em Minas Gerais e na Guanabara.

7 de outubro – Carlos Lacerda, rompido com o governo federal, discursa pela televisão na qualidade de chefe civil da oposição revolucionária.

9 de outubro – O Conselho de Segurança Nacional proíbe Lacerda de falar pelo rádio e pela televisão.

27 de outubro – É promulgado o Ato Institucional n. 2 que extingue os partidos políticos existentes e estabelece a eleição indireta do presidente da República e seu vice.

27 de outubro – Acompanhando o AI-2 é baixado o Ato Complementar n. 1 contendo medidas para aprofundar o cerceamento da atividade política. O AI-2 devia vigorar até 15 de março de 1967.

1966

4 de janeiro – É lançada a candidatura do general Arthur da Costa e Silva.

5 de fevereiro – É baixado o AI-3 que torna indiretas as eleições para governador e vice.

5 de junho – Adhemar de Barros, governador de São Paulo, perde o mandato e seus direitos políticos.

3 de setembro – Realizam-se eleições (agora indiretas) nos Estados não abrangidos em 1965. Roberto Costa de Abreu Sodré é eleito pela Assembléia Legislativa governador do Estado de São Paulo, para um mandato com início em 3 de janeiro de 1967.

3 de outubro – O Congresso confirma Costa e Silva como presidente da República, tendo como vice o deputado Pedro Aleixo.

20 de outubro – É baixado um Ato Complementar decretando o recesso parlamentar até 22 de novembro de 1966.

15 de novembro – São realizadas as eleições parlamentares.

24 de novembro – É promulgado o Ato Complementar n. 4 que implanta o bipartidarismo.

5 de dezembro – Malgrado a acirrada oposição dos adversários, Negrão de Lima é empossado no governo da Guanabara.

7 de dezembro – O Congresso, em fim de mandato, é convocado pelo AI-4 a reunir-se extraordinariamente para discutir, votar e promulgar o projeto de Constituição apresentado pelo Executivo.

1967

24 de janeiro – É promulgada a nova Constituição, a vigorar a partir de 15 de março. A eleição dos governadores e seus vices tornaria a ser direta (o que não se concretizou). Mas os prefeitos das capitais dos Estados seriam indicados pelos governadores, com prévia aprovação da Assembléia Legislativa (o que já constava do AI-3); na mesma situação se encontravam as prefeituras dos municípios considerados estâncias hidrominerais, em lei estadual. Com prévia aprovação do presidente da República, o governador nomearia também os prefeitos dos municípios considerados de interesse da segurança nacional.

28 de fevereiro – É baixado pelo decreto-lei n. 227 o Código de Mineração, que alterava o antigo Código de Minas.

13 de março – É promulgada pelo decreto-lei n. 314 a Lei de Segurança Nacional.

14 de março – O decreto-lei n. 318 altera o Código de Minas, em atenção a patriótica advertência do Conselho de Segurança Nacional.

17 de março – Já na gestão do marechal Costa e Silva, iniciada dois dias antes, o MDB propõe a revogação da Lei de Segurança Nacional.

24 de setembro – Carlos Lacerda, que em novembro de 1966 já firmara com o ex-presidente Juscelino o chamado pacto de Lisboa, articulava com o próprio presidente João Goulart o pacto de Montevidéu.

1968

28 de março – É invadido o restaurante estudantil do Calabouço, no Rio, resultando dessa violência a morte do estudante Edson Luís de Lima Souto.

5 de abril – Uma instrução do Ministério da Justiça proíbe o funcionamento da Frente Ampla.

1º de maio – É realizada na Praça da Sé, em São Paulo, um expressivo comício contra a ditadura.

19 a 21 de junho – É exercida acirrada repressão contra os estudantes no Rio de Janeiro.

26 de junho – Realiza-se no Rio de Janeiro a pacífica passeata dos cem mil.

16 de julho – Os trabalhadores de Osasco, no Estado de São Paulo, entram em greve.

29 de julho – É escolhido o local (Corumbá) para o confinamento do ex-presidente Jânio Quadros, que se pronunciara sobre matéria política, o que não era admitido aos cassados.

29 de agosto – A Universidade de Brasília é invadida pela Polícia Federal.

2 de outubro – Elementos do CCC fazem provocações contra os estudantes da Faculdade de Filosofia da Universidade de São Paulo, promovendo um conflito no qual morre o estudante José Guimarães.

13 de dezembro – É baixado o AI-5, sendo fechado o Congresso.

1969

29 de abril – É realizado um expurgo na Universidade de São Paulo, por ordem do ministro da Justiça Gama e Silva.

29 de agosto – O presidente Costa e Silva adoece.

31 de agosto – É editado o AI-12 pelo qual os Ministros da Marinha de Guerra, do Exército e da Aeronáutica Militar comunicam que assumem durante o período de impedimento do presidente as funções que a ele competem. O vice-presidente Pedro Aleixo era vetado.

4 de setembro – É sequestrado o embaixador norte-americano Charles B. Elbrick, trocado por quinze presos políticos.

9 de setembro – É publicado o AI-13, com data de 5 de setembro, que permitia o banimento do território nacional dos brasileiros que se tornassem "inconvenientes" à Segurança Nacional.

10 de setembro – É baixado o AI-14, também com data de 5 de setembro, que instituía a pena de morte para além das situações abrangidas pela legislação militar aplicável em caso de guerra.

15 de setembro – O Alto Comando do Exército encarrega uma comissão de generais de traçar as normas do processo sucessório, a se desenrolar no âmbito puramente militar. Da sistemática adotada, resulta a escolha do general Emílio Garrastazu Médici.

2 de outubro – O general Albuquerque Lima, em carta ao ministro do Exército, contesta os critérios adotados na consulta, embora acate o resultado. Cópia dessa carta foi enviada também ao general Médici.

2 de outubro – O almirante Melo Batista lança manifesto contundente opondo-se à atribuição da atividade eleitoral a uma pequena cúpula militar e criticando a política econômico-financeira em vigor.

6 de outubro – O Alto Comando das Forças Armadas se reúne e no dia seguinte é expedida nota informando que o general-de-exército Garrastazu Médici fora escolhido por unanimidade canditato à substituição do presidente Costa e Silva. O ministro da Marinha, Augusto Rademaker, era convidado para a vice-presidência.

14 de outubro – O AI-16 declarava a vacância do cargo de presidente da República, devido à enfermidade do seu titular. O vice-presidente Pedro Aleixo, que fora impedido de assumir, tinha o seu cargo também declarado vago.

14 de outubro – O AI-17 permitia transferir para a reserva militares que, embora com serviços prestados ao regime, estivessem atentando "contra a coesão das Forças Armadas". Atingido pela primeira aplicação do AI-17, o almirante Melo Batista era punido com a transferência para a reserva pelo período de um ano.

17 de outubro – É promulgada a Emenda Constitucional n. 1, que dava nova redação à Carta de 1967. A eleição de 1970 para os governadores e seus vices voltava a ser indireta, realizada pelas Assembléias Legislativas.

22 de outubro – O recesso do Congresso é interrompido.

25 de outubro – É realizada a eleição do presidente e seu vice pelos membros do Congresso.

30 de outubro – Os eleitos tomam posse para um mandato que terminaria em 15 de março de 1974.

4 de novembro – Carlos Marighella morre numa emboscada comandada pelo delegado Sergio Paranhos Fleury.

1970

3 de outubro – São realizadas as eleições para os governos estaduais. Em São Paulo é escolhido Laudo Natel, cuja posse se deu em 15 de março de 1971.

11 de novembro – É baixado o decreto n. 69.534, que criava a estranha figura dos decretos secretos.

15 de novembro – São realizadas as eleições parlamentares.

1971

16 de janeiro – O embaixador suíço Bucher é libertado depois de quarenta dias de seqüestro, em troca de setenta presos políticos.

17 de setembro – Carlos Lamarca é morto na Bahia.

1972

3 de abril – A Emenda Constitucional n. 2 torna indireta a eleição dos governadores e seus vices, prevista para outubro de 1974, repetindo o procedimento de 1966 e 1970.

APRESENTAÇÃO*

O título *O Pingo de Azeite*, sugerido pelo jornalista Hermano Alves, envolve uma alusão à famosa *tache d'huile* das formulações de Liautey. A imagem, elaborada no curso das guerras coloniais francesas, tinha em vista caracterizar o processo de alastramento da chamada guerra revolucionária, à qual era contraposta severa repressão. O tema, como é sabido, esteve em grande voga entre nós durante o período político compreendido entre 1964 e o início dos anos 70, fase essa que é examinada e reconstituída passo a passo neste livro.

---

* À historiadora Giselle Beiguelman-Messina, afetuosos agradecimentos pelo empenho com que colaborou na preparação desta edição.

PRIMEIRA PARTE:
OS FATOS

O 1º Ato Institucional.
Castello Branco Assume a Presidência.

Uma vez vitoriosa a conspiração que depôs João Goulart e declarada vaga a Presidência da República, foi chamado a assumi-la em caráter provisório e na linha constitucional de sucessão o presidente da Câmara dos Deputados.

Paralelamente o general Arthur da Costa e Silva se empossava na pasta da Guerra e organizava um Comando Supremo Revolucionário, juntamente com o almirante Augusto Rademaker pela Marinha e o brigadeiro Correia de Melo pela Aeronáutica. Quanto ao presidente da República em exercício, que o contatou através do general Lyra Tavares, o ministro da Guerra, na qualidade de representante da nova situação, aconselhou-o a permanecer no posto, mas sem tomar medidas definitivas.

João Goulart havia sido eleito vice-presidente em 3 de outubro de 1960. Com a renúncia de Jânio Quadros em 25 de agosto de 1961, cerca de duas semanas depois o vice, como era de seu direito e malgrado os óbices interpostos, ascendera por fim à Presidência. Ao ser deposto, ficavam, portanto, vagos em abril de 1964, os cargos de presidente e de vice, sendo que o § 2º do artigo 79 da Constituição de 1946 determinava o seguinte para essa situação:

> Vagando os cargos de presidente e vice-presidente da República, far-se-á a eleição sessenta dias depois de aberta a última vaga. Se as vagas ocorrerem na segunda metade do período presidencial [e era esse o caso] a eleição para ambos os cargos será feita *trinta dias depois da última vaga* pelo Congresso Nacional, na forma estabelecida em lei. Em qualquer dos casos, os eleitos deverão completar o período dos seus antecessores.

Mas os acontecimentos se precipitavam e logo tornavam claro que a eleição do novo presidente e do seu vice se faria bem antes dos trinta dias mencionados no texto constitucional – e, mais que isso, que a escolha recairia sobre um dos chefes militares.

As articulações políticas se sucediam e no curso desses entendimentos o ex-presidente Juscelino, então senador por Goiás, se viu intensamente solicitado. Com efeito, o PSD era majoritário no Congresso que indicaria o militar-presidente, sendo Juscelino o mais destacado chefe desse partido, pelo qual havia sido poucas semanas antes lançado candidato à Presidência da República. Na verdade, ele já era pretendente a um futuro novo mandato presidencial praticamente desde quando concluíra o do qüinqüênio 1956-1961. A própria omissão que patenteara durante a campanha do marechal Lott em 1960 representara de certa forma um recurso para aplacar a ira dos adversários, acirrada a partir do episódio de 11 de novembro de 1955 (quando foi vitorioso o legalismo que viabilizou o seu empossamento) e tornada rumorosa durante todo o período governamental. Mais adiante, precipuamente interessado em disputar novamente a Presidência, limitara-se a aguardar o fim do mandato do presidente João Goulart. Porém, em vista do alarido acerca de um suposto intuito continuísta da parte deste, e principalmente dada a instalação da ingovernabilidade no país promovida pelo setor conspirativo, acabou aderindo, embora às vésperas, ao movimento já com perspectiva de triunfo.

Ao tornar-se claro que o presidente da Câmara dos Deputados não exerceria a primeira magistratura durante os trinta dias, Juscelino inicia sondagens junto ao PTB para a rápida eleição de um novo presidente da República, selando mais uma vez a antiga aliança entre os dois partidos. Logo em seguida, contudo, sensibilizado pela direção dos ventos, já passa a se manifestar favorável a uma candidatura militar, contanto que se assegurasse a realização do pleito de 1965.

Aliciadoramente, os líderes da UDN buscavam atrair os pessedistas na direção do general Humberto de Alencar Castello Branco, inclusive com o argumento de que, como maioria, o PSD governaria de fato qualquer que fosse o escolhido. O caso é que havia de ter certeza do apoio a Castello Branco antes de proceder ao rito eleitoral e é nesse contexto que Juscelino é solicitado pelo próprio candidato. Entendimentos feitos, o PSD, que inicialmente o considerava um representante do udenismo, já o apoiava.

Com efeito, a candidatura Castello Branco – à qual não faltavam respaldos como o do coronel (em breve promovido a general) Vernon Walters – polarizava e era hegemônica. O grupo dirigente da Escola Superior de Guerra, implementada no contexto da guerra fria para articular o conservantismo militar e também o civil, tomava as rédeas do poder.

O clima de violência, arbítrio e pânico que se instalara no país após o 31 de março era de molde a conferir, à proposta da escolha de um novo presidente o mais depressa possível, o caráter de um recurso para restabelecer a ordem. Acresce que o Comando Revolucionário exigia a realização de expurgos não apenas na área militar e administrativa, como também na parlamentar. Já se esboçava até no Legislativo uma resistência à cassação pura e simples dos mandatos: reivindicava-se o preliminar encaminhamento do processo criminal às Casas Legislativas, que se manifestariam quanto à eventual concessão de licença para o julgamento.

O grupo prestes a empalmar o poder inicia então sua tática de autoproclamar-se moderado. Não, não pretendia atingir o Congresso nem as liberdades públicas. Apenas necessitava de um aval "jurídico" que lhe possibilitasse praticar uma cirurgia que, na sua opinião, a todos deveria parecer axiomaticamente "necessária", apesar de desagradável. De posse de tal instrumento, as forças vitoriosas se dispunham a assumir, compreensivas, a antipática responsabilidade do expurgo. Assim, por exemplo, pouparia m o Legislativo do constrangimento de promover a cassação dos mandatos de alguns dos seus próprios membros; ou de suspender os direitos políticos de outras figuras públicas e também as garantias do funcionalismo civil e militar. Os atos de prática do expurgo seriam imediatos e sumários.

No dia 7 de abril a candidatura Castello Branco era homologada pelas Forças Armadas. Simultaneamente, votava-se a lei regulando a eleição do presidente e seu vice. Pelo inciso I, alínea *c* do art. 139 da Constituição de 1946, eram inelegíveis para presidente e vice-presidente da República, até três meses depois de cessadas definitivamente suas funções, entre outras autoridades, os chefes de Estado-Maior. Era exatamente essa a posição funcional do candidato, chefe do Estado-Maior do Exército. Uma emenda constitucional revogou essa incompatibilidade e, para maior garantia de sucesso, a votação a ser realizada no Congresso Nacional deixou de ser secreta.

Por fim, a 9 de abril, em meio a um temor generalizado, o Comando Supremo da Revolução, representado pelos comandantes-em-chefe do Exército, da Marinha e da Aeronáutica, promulgava um Ato Institucional cujo preâmbulo se abria da forma que segue:

> É indispensável fixar o conceito do movimento civil e militar que acaba de abrir ao Brasil uma nova perspectiva sobre o seu futuro. O que houve e continuará a haver neste momento, não só no espírito e no comportamento das classes armadas, como na opinião pública nacional, é uma autêntica revolução.

Em deliberada cconfusão semântica, cristalizava-se a designação de *revolução*; todo arbítrio e violência contra as forças democráticas e populares até então em ascenço ou mesmo contra adversários político-partidários adquiria, por assim dizer, o *status* de *terror revolucionário*, quando na verdade não passava de pura e intolerável repressão.

Ainda no preâmbulo do Ato Institucional se lê:

> A revolução vitoriosa se investe no exercício do Poder Constituinte. Este se manifesta pela eleição popular ou pela revolução. Esta é a forma mais expressiva e mais radical do Poder Constituinte.

E mais adiante:

> Os chefes da revolução vitoriosa, graças à ação das Forças Armadas e ao apoio inequívoco da Nação, representam o Povo e em seu nome exercem o Poder Constituinte de que o Povo é o único titular.

A Constituição de 1946 era formalmente mantida, embora substancialmente modificada

na parte relativa aos poderes do presidente da República, a fim de que este possa cumprir a missão de restaurar no Brasil a ordem econômica financeira.

Tais poderes eram ampliados também com outros objetivos. Com a virulência característica de pronunciamentos anteriores (e posteriores) era declarado o propósito de instrumentar o presidente para

> tomar as urgentes medidas destinadas a drenar o bolsão comunista, cuja purulência já se havia infiltrado não só na cúpula do Governo como nas suas dependências administrativas.

Os chefes militares signatários do Ato Institucional ressaltavam ainda a magnanimidade que os levava, autolimitando-se, não apenas a conservar a Constituição de 1946 mas também a fazer outras concessões, embora condicionadas.

> Para reduzir ainda mais os plenos poderes de que se acha investida a revolução vitoriosa, resolvemos, igualmente, manter o Congresso Nacional, com as reservas relativas aos seus poderes, constantes do presente Ato Institucional.

Aliás, para que não pairasse qualquer dúvida com respeito a tais *reservas*, sublinhavam:

> Fica, assim, bem claro que a revolução não procura se legitimar através do Congresso. Este é que recebe deste Ato Institucional, resultante do exercício do Poder Constituinte, inerente a todas as revoluções, a sua legitimação.

Como é sabido, o Ato Institucional de 9 de abril de 1964 teve como autor principal Francisco Campos, com *know-how* histórico na matéria. Mas também Pedro Aleixo, da UDN, participou das conversações entre civis e militares durante a preparação do documento. Na ocasião teve a oportunidade de opinar sobre as dificuldades de compatibilizar Constituição e revolução; e considerando prioritários os objetivos desta última, avalizou a tese do poder constituinte dela.

O art. 2º do Ato Institucional tratava da eleição iminente para a Presidência da República.

> Art. 2º A eleição do presidente e do vice-presidente da República, cujos mandatos terminarão em 31 de janeiro de 1966, será realizada pela maioria absoluta dos membros do Congresso Nacional dentro de dois dias a contar deste Ato, em sessão pública e votação nominal.
> [...]
> § 2º Para a eleição regulada neste artigo, não haverá inelegibilidades.

Reiterava-se, portanto, a supressão do empecilho representado pelo art. 139 da Constituição de 1946, que exigia a desincompatibilização dos chefes de Estado-Maior.

Tudo estava encaminhado para garantir a eleição do general Humberto de Alencar Castello Branco no dia 11 de abril.

O § 1° do mencionado art. 2° estipulava que em caso de se tornar necessário outro escrutínio, por falta de quórum, seria realizada nova votação no mesmo dia, elegendo-se quem obtivesse maioria simples.

Não foi preciso. Houvera, é verdade, um certo movimento em torno do nome do general Amauri Kruel, tendo sido também lançado o do marechal Eurico Gaspar Dutra. Mas a candidatura Castello Branco já recebera o aval realmente indispensável, o que não tardou a lhe propiciar generalizadas manifestações de apoio de setores influentes, levando os demais competidores a desistir.

No dia aprazado, Castello Branco era eleito com 361 votos, já em primeiro escrutínio. No entanto, e apesar do voto a descoberto, houve 72 abstenções, além de 3 votos para o marechal Juarez Távora e 2 para o marechal Dutra[1].

Os artigos 7° e 10 do Ato Institucional tratavam dos expurgos.

O art. 10 estabelecia:

No interesse da paz e da honra nacional e sem as limitações previstas na Constituição, os comandantes-em-chefe que editam o presente Ato poderão suspender os direitos políticos pelo prazo de 10 anos e cassar mandatos legislativos federais, estaduais e municipais, excluída a apreciação judicial desses atos.

§ único. Empossado o presidente da República, este, por indicação do Conselho de Segurança Nacional, dentro de 60 dias poderá praticar os atos previstos neste artigo.

Isto significava que até meados de junho quaisquer cidadãos poderiam perder seus direitos políticos pelo prazo de dez anos, estando os senadores, deputados federais e estaduais e vereadores sujeitos a ter cassados seus mandatos; tudo isso sem qualquer processo ou recurso nem muito menos consulta aos colegiados aos quais pertencessem os parlamentares.

---

1. Para a vice-Presidência foi escolhido o deputado José Maria Alkmin, do PSD mineiro, que obteve 256 votos em segundo escrutínio.

O expurgo na área do funcionalismo civil e militar, determinado no art. 7º, seria praticado durante mais tempo – até meados de outubro.

Ficam suspensas por seis meses as garantias constitucionais ou legais de vitaliciedade e estabilidade.

§ 1º Mediante investigação sumária, no prazo fixado neste artigo, os titulares destas garantias poderão ser demitidos ou dispensados, ou ainda, com vencimentos e vantagens proporcionais ao tempo de serviço, postos em disponibilidade, aposentados, transferidos para a reserva ou reformados por decreto do presidente da República, ou em se tratando de servidores estaduais, por decreto do Governador do Estado, desde que tenham atentado contra a segurança do País, o regime democrático e a probidade da administração pública, sem prejuízo das sanções penais a que estejam sujeitos.

§ 2º Ficam sujeitos às mesmas sanções os servidores municipais. Neste caso, a sanção prevista no § 1º lhes será aplicada por decreto do Governador do Estado, mediante proposta do Prefeito Municipal.

§ 3º Do ato que atingir servidor estadual ou municipal vitalício caberá recurso para o presidente da República.

§ 4º O controle jurisdicional desses atos limitar-se-á ao exame de formalidades extrínsecas, vedada a apreciação dos fatos que o motivaram, bem como da sua conveniência ou oportunidade.

O artigo 8º explicitava a natureza das culpas atribuídas aos cidadãos atingidos:

responsabilidade pela prática de crime contra o Estado ou seu patrimônio e a ordem política e social ou de atos de guerra revolucionária.

Iniciava-se a famosa classificação das vítimas como incursas em corrupção ou subversão ou, pior ainda, como agentes da "guerra revolucionária".

Promulgado o Ato Institucional no dia 9 de abril de 1964, já no dia 10 a Câmara dos Deputados, constrangida, convocava suplentes para preencher as vagas abertas em decorrência da cassação de parlamentares mais combativos: o Comando Revolucionário punha em prática a tese pela qual os mandatos se desvinculavam da origem popular, passando a resultar de concessão da revolução.

No mesmo dia 10, numeroso grupo de personalidades da vida política, intelectual e pública em geral, perdia igualmente seus direitos políticos.

Dada a desordem instalada no país, e em vista da intimidação armada e fora de controle a que eram sujeitos os civis – além dos sofrimentos infligidos às lideranças populares, como no caso exponencial de Gregório Bezerra – esperava-se que a investidura de uma autoridade, malgrado as óbvias limitações da legitimidade jurídica, contribuísse de qualquer forma para diminuir o caos[2].

Castello Branco, porém, embora escolhido para a Presidência no dia 11, data em que passou a chefia do Estado-Maior do Exército para outro militar, não se apressava em tomar posse, apesar do atropelamento a que fora submetido o cronograma eleitoral. Preferia incumbir o Comando Revolucionário da tarefa de deflagrar a depuração do funcionalismo civil e militar, e também de adiantar o expurgo dos quadros políticos.

No próprio dia 11 era divulgada uma relação de oficiais transferidos para a reserva pelos três ministros militares. Três dias depois publicava-se nova lista de personalidades punidas. No dia 15, Castello era finalmente empossado e o Comando da Revolução se dissolvia. Os ministros da Marinha e da Aeronáutica eram substituídos; o general Costa e Silva, porém, continuava no ministério da Guerra.

Carlos Lacerda, governador da Guanabara, que se encontrava na Europa para "explicar a revolução", regozijava-se com o rumo dos acontecimentos. No início de maio explanava eufórico, da forma que segue, sua versão sobre o encaminhamento político a partir dos primeiros dias de abril.

Ao triunfar a conspiração, ele, Lacerda, temeroso das virtualidades fragilizadoras de um governo transitório, falara a respeito com o presidente em exercício (o presidente da Câmara dos Deputados) dissuadindo-o da pretensão de permanecer no cargo durante todos os trinta dias permitidos pela Constituição de 1946.

Simultaneamente, participava de forma ativa das articulações em curso.

A idéia de eleger-se um militar, que afinal prevaleceu, teria se defrontado inicialmente com resistências civilistas. Segundo Lacerda, numa primeira reunião de governadores ligados ao movimento de 1964, presentes alguns pessoalmente e outros através de representantes, houve quem opinasse favoravelmente a uma solução civil. E em novo encontro realizado em seguida, o governador de Minas, Magalhães Pinto, deixara claro que se considerava um candidato possível, cortezmente incluindo nessa po-

---

2. Em algumas cidades do interior do Estado de São Paulo, por exemplo, professores universitários e secundários, acusados de subversivos, foram vítimas de represálias diretas por parte das oligarquias locais.

tencialidade os demais governadores participantes do movimento. Aliás, em matéria de títulos, embora havendo aderido – pelo menos de maneira ostensiva – praticamente na véspera, Magalhães Pinto tinha a seu crédito, no contexto em pauta, o fato de haver transformado Minas Gerais em base para o desencadeamento do golpe.

Lacerda teria argumentado então com a evidência de que os militares não admitiriam uma solução civil, acrescentando que no processo de sondagens aparecia em todas as listas o nome do general Castello Branco.

Havia portanto, do seu ponto de vista, que proceder à eleição imediata de um presidente militar "capaz de unir o Exército e o Brasil", afastando o risco de uma "ditadura disfarçada". Por isso mesmo a hipótese Costa e Silva tinha que ser descartada, pois esse ministro representaria a caserna, a implantação do militarismo.

Isto assentado, os governadores teriam se dirigido ao ministério da Guerra para uma conversa difícil com o general Costa e Silva, que ainda tentou argumentar com a hipótese de manifestar-se à tropa insatisfeita com tal encaminhamento, mas acabou acedendo.

O governador da Guanabara exultava:

Só fiquei mesmo tranquilo, só percebi que tudo havia passado no dia em que o marechal Castello Branco empossou-se na Presidência da República. [...]. O marechal Castello é atualmente o Chefe do Governo e da Revolução[3].

Da perspectiva de Lacerda, enquanto a entrega do poder ao general Costa e Silva significaria a subordinação à tropa, com consequências imprevisíveis, Castello Branco se limitaria a implantar uma espécie de governo forte tampão, o qual se estenderia até a próxima eleição presidencial, pelo voto popular, a realizar-se dali a dezoito meses.

Com efeito, o art. 9º do Ato Institucional de 9 de abril mantinha o calendário eleitoral:

---

3. Cf. Claudio Mello e Souza, O *Vizinho do Presidente*, in Alberto Dines e outros, *Os Idos de Março e a Queda em Abril*, Rio de Janeiro, José Alvaro Editor, 1964.

A eleição do presidente e do vice-presidente da República que tomarão posse em 31 de janeiro de 1966 será realizada em 3 de outubro de 1965.

O próprio Ato Institucional tinha como prazo de vigência exclusivamente o período presidencial em curso, o qual, tendo sido deposto João Goulart, seria concluído por Castello Branco.

Art. 11 O presente ato vigora desde a sua data até 31 de janeiro de 1966, revogadas as disposições em contrário.

Ou seja, uma vez liquidada a hegemonia da coligação PSD-PTB que a UDN considerava intolerável e contra a qual sempre se rebelara, o regime, "depurado" através do golpe, retomaria a "normalidade". E, em outubro de 1965, seria realizada a eleição presidencial que desta vez daria a vitória tão ansiada pelo antigo oposicionismo a um candidato de suas próprias hostes – o qual seria, por todos os títulos, logicamente o próprio Lacerda.

A vulnerabilidade política de Juscelino Kubitschek não desaparecera, apesar de todas as alianças e concessões a que se sujeitava, e o ex-presidente tinha plena consciência dela. Constava até que aguardara ansiosamente a publicação do Ato Institucional antes de divulgar a declaração escrita de apoio a Castello, pois corriam rumores de que estariam inseridos no preâmbulo referências pouco lisonjeiras à sua pessoa. De qualquer forma, os que haviam assumido o poder eram seus inimigos e, imediatamente após a instrumentalização de sua figura para a eleição de Castello, já se percebiam sinais de que pretendiam afastá-lo.

Com efeito, preparando-se para a reabertura da disputa político-partidária, a UDN não tardava a contestar a viabilidade da candidatura Juscelino, eleitoralmente favorita, alegando a incompatibilidade do ex-presidente com a nova ordem e esperando que o próprio PSD a removesse do pleito. Sem chegar evidentemente a esse ponto, o fato é que o PSD já estudava uma fórmula conciliatória de conduzir-se para não ter de enfrentar um veto como o de 1955, ao mesmo tempo que proclamava, em favor do seu candidato, o mérito de haver ele prestado um importante serviço à nova situação ao apoiar o general Castello. Por sua vez, Juscelino, na defensiva, se dispunha a encaminhar ao presidente do Senado sua declaração de bens, a fim de repelir a campanha em curso contra ele nos bastidores do movimento revolucionário.

A pressão militar contra o candidato pessedista se fazia agora com base no argumento de que Juscelino sempre mantivera aberto o caminho para uma aliança eleitoral com João Goulart;

sua candidatura (e por isso devia ser descartada) seria o instrumento através do qual as correntes proscritas poderiam retornar ao comando da vida pública do país. E para melhor dissuadi-lo de candidatar-se, seus adversários ameaçavam avolumar as "restrições de natureza moral" insinuadas ao longo de sua carreira.

Quanto à expectativa de que com a eleição de Castello Branco se operaria um relativo restabelecimento da ordem pública, ela não se concretizou, bem pelo contrário. Como o Ato Institucional autorizava os governadores a promover expurgo nas áreas sob sua jurisdição política, havia Estados cujo governador estaria inclusive depondo prefeitos do interior, pelo simples motivo de se tratar de opositores seus. Outros prefeitos eram derrubados por adversários derrotados nas eleições, mas com acesso aos militares. Houve casos em que a decisão, incorporada ao anedotário, foi reconsiderada, tal o absurdo. Também a atividade repressiva continuava a ser praticada de maneira autônoma pelos comandos militares locais, dispensando consulta aos governos estaduais.

De repente, eis que todas as atenções convergem para o governador de Goiás, Mauro Borges, que se recusava a aceitar interferências na composição de seu secretariado. Encontrava-se ele sob inquérito militar, apesar de haver participado do movimento de 1964, e acusava seus rivais políticos no Estado (da UDN) pela situação crítica que enfrentava.

O cerco ao governador se estreitava. E havia que se resolver o caso de Mauro Borges sem provocar a união política de governadores que se sentissem ameaçados por se encontrarem em situação assemelhada.

Novamente a mira torna a se deslocar para Juscelino (senador por Goiás) cuja vida continuava sendo intensamente vasculhada por um grupo de oficiais. E se, para evitar que ele insistisse na candidatura à Presidência da República, se chegasse a dificultar a realização do próprio pleito? Essa era evidentemente hipótese que não convinha a Carlos Lacerda. Por isso, o lacerdismo civil e militar passa a fixar-se na tese de que a aversão da nova ordem a Juscelino teria de ser resolvida pela pura e simples cassação de seu mandato de senador e a suspensão dos seus direitos políticos. Os novos dirigentes do país recebiam portanto um aval antecipado para aquilo que desde o começo pretendiam fazer.

Quanto ao ex-presidente, informado da existência de decreto suspendendo seus direitos políticos, preparava procuração autorizando a ampla investigação com referência aos seus bens, de que já vinha cogitando.

Estava acuado. Não podia retirar a candidatura sem enorme desgaste. Também lhe era vedado levantar a bandeira civilista antes de 15 de junho, quando venciam os dois meses subseqüentes ao empossamento de Castello, referidos no § único do art. 10 do Ato Institucional, durante os quais poderiam ser suspensos os direitos políticos e cassados mandatos legislativos. Tinha ainda de levar em conta que o PSD contava com muitos membros ameaçados, além do que os expurgos abalavam várias situações estaduais do Partido. Preferia que a eleição fosse adiada: o problema suscitado pela sua candidatura não pareceria de solução tão urgente, as tensões se aliviariam e ele conseguiria atravessar a barreira representada pelo prazo fatal, o 15 de junho.

Nessas condições, agora era o PSD que defendia uma proposta de todo interesse do governo, que aliás a aventara, e cuja tramitação supusera difícil: a prorrogação do mandato presidencial. Tal apoio seria aproveitado, mas sem qualquer vantagem para Juscelino. A pressão militar pela degola era inarredável, sendo apresentadas apenas duas alternativas, não excludentes: a suspensão dos direitos políticos, embora isso constituísse violência a candidato registrado à Presidência da República; e a publicação dos inquéritos e subseqüente envio deles à Justiça, com todo desprestígio decorrente da condição de réu.

Em fins de maio, após uma declaração do ministro da Guerra, Costa e Silva, com respeito à matéria, o presidente Castello informava que iria decidir com base nos dados coligidos no dossiê em preparo na Comissão Geral de Investigações (CGI).

Havia, contudo, de se ponderar que a proscrição de Juscelino era de molde a ampliar a área dos descontentes, levando talvez o PSD a firmar em 1965 alianças consideradas indesejáveis. E se à vista dessa virtualidade os dirigentes revolucionários decidissem cancelar a eleição?

A fórmula da cassação de Juscelino se apresentara inicialmente como um recurso para impedir que a persistência dele em continuar candidato prejudicasse a realização do próprio pleito. Agora o lacerdismo se sentia apreensivo quanto à conveniência do expurgo preconizado, receoso de que por vias transversas ele acabasse conduzindo ao desfecho que se procurava evitar.

Quanto ao PSD, empenhado em salvar Juscelino da cassação, apoiava solicitamente a proposta de adiamento da eleição que lhe permitiria escapar, pela alteração das regras do jogo, do impasse decorrente do veto militar a Juscelino, indicado candidato numa convenção partidária unânime ainda em março, havia dois meses portanto, e agora não apenas inviabilizado mas até ameaçado de proscrição.

No dia 1º de junho uma comissão feminina encaminhava a Castello um documento com dezenas de milhares de assinaturas, intercedendo em favor do senador por Goiás. Também da representação parlamentar do PSD partiam pronunciamentos emocionados.

O presidente, porém, se declarava sem opção: no seu entender, a negativa de assinar o decreto de cassação desprestigiaria os militares que haviam promovido as investigações e cujos pontos de vista haviam sido expressos pelo próprio ministro da Guerra.

De fato, no dia 4 de junho de 1964, o general Costa e Silva solicitava que fosse preparada a justificação do decreto a ser submetido ao Conselho de Segurança Nacional, suspendendo os direitos políticos do ex-presidente. Reconhecia-se que por exigüidade do prazo para apuração *não haviam sido ainda convenientemente averiguadas as denúncias*, o que se pretendia fazer no futuro; no entanto, desde logo os direitos políticos do acusado seriam suspensos no interesse da segurança nacional.

Na verdade, o responsável pela cassação requerida ao Conselho e por ele votada era o presidente Castello, posto que o ministro da Guerra e os comandantes dos quatro Exércitos lhe haviam reiterado que a solução que ele adotasse no caso de Juscelino ou de qualquer outro seria acatada pelas Forças Armadas, com execução assegurada[4].

A prorrogação do mandato presidencial

O edifício político-partidário do pós-45 começava a ser desmontado com o atropelamento do PSD.

Agora havia de se tratar da marginalização do dispositivo lacerdista.

O grupo civil e militar que acatava a liderança de Carlos Lacerda era constituído de participantes ativos da agitação conspiratória do pós-50. Na opinião deles, o movimento de 1964, uma vez vitorioso, devia fluir naturalmente para a eleição presidencial de 3 de outubro de 1965 de forma que, em 31 de janeiro de 1966, quando expiraria o mandato do marechal Castello Branco,

---

4. No dia 8 de junho de 1964, Juscelino Kubitschek teve cassado seu mandato de senador e suspensos seus direitos políticos.

os militares, depois de haverem executado uma série de alterações no quadro político, inclusive com o recurso a expurgos, devolvessem o poder aos civis. Além do que parecia-lhes incontestável que o candidato da nova ordem, pelo seu currículo, só podia ser Carlos Lacerda.

O projeto daqueles que haviam empalmado o poder era porém mais abrangente e visava a demolição global do sistema político-partidário anterior, o que incluía a peça complementar, embora por antagonismo, à coligação PSD-PTB.

Ainda em meados de maio tornara-se pública a cogitação do governo em torno de uma emenda constitucional que, a pretexto de promover a coincidência de mandatos eletivos, proporia a prorrogação do mandato presidencial. E por que promover a coincidência de mandatos? Isso se ligava a outro projeto em pauta, pelo qual seria adotado o quórum de maioria absoluta para a eleição popular do presidente da República. Se nenhum dos candidatos conseguisse essa maioria, seria realizado um segundo escrutínio no âmbito do Congresso.

Tratava-se de tese antiga da UDN e do próprio Lacerda ao tempo em que impugnava os candidatos adversários por não haverem alcançado a maioria absoluta. Agora, porém, as circunstâncias eram outras e a adoção desse critério até se tornara incômoda aos seus antigos defensores.

Quanto ao governo, este tinha em vista, antes de mais nada, armar-se de um artifício para atingir o seu verdadeiro alvo – a prorrogação do mandato presidencial.

Com efeito, o esquema da maioria absoluta impunha como corolário a coincidência de mandatos para que o Congresso, eleito concomitantemente com a manifestação popular em relação aos candidatos à Presidência da República, tivesse a necessária representatividade para se manifestar num eventual segundo escrutínio. Em conseqüência, uma vez que a eleição parlamentar estava marcada para fins de 1966, cumpria transferir para a mesma época também a eleição presidencial, o que significava protelá-la por um ano.

Em junho de 1964, quando o PSD já fora golpeado através da liquidação de Juscelino, Castello Branco, avançando no encaminhamento de suas propostas, podia maliciosamente ostentar sua eqüanimidade, demonstrando que a cassação do chefe pessedista não fora praticada para favorecer a candidatura Lacerda... Aliás, nos meios políticos, o presidente já era suspeito de sinuosidade, pois oficialmente não desejava a prorrogação, enquanto a UDN, agora governista, "rebeldemente" lhe satisfazia a verdadeira vontade, preferindo indispor-se com Lacerda. Quanto a este último, retornava às pressas da Europa, interrompendo a tarefa de "explicar a revolução".

Ainda dentro do udenismo, obedecendo embora a outras razões, também o governador de Minas, Magalhães Pinto, apoiava o adiamento do pleito. Tratando-se de um presidenciável em potencial e necessitando de tempo para firmar-se como candidato, colocava-se abertamente a favor da medida, articulando governadores nesse sentido e discursando sobre a matéria na Escola Superior de Guerra. O general Costa e Silva concordava com essa linha, argumentando que a conjuntura política e econômica não comportava eleição em 1965 por não se encontrar a revolução suficientemente consolidada.

Quanto ao PSD já se dispusera anteriormente a apoiar a prorrogação como tentativa (vã, conforme se viu) para afastar a ameaça que pairava sobre Juscelino: o adiamento da eleição tornaria menos agudo o desgosto do regime com o fato de vê-lo candidato, além de possibilitar, quem sabe, a própria retirada discreta dessa candidatura. Agora o PSD apoiava a medida pelo próprio fato de que, havendo sido Juscelino cassado, o partido nem sequer tinha candidato. Portanto, como não concordar com uma proposta à qual se opunha principalmente o lacerdismo? Para que colaborar a fim de que Lacerda, alcançando o seu intento, conseguisse um triunfo de tal monta?

Na volta do exterior, ao reassumir o governo da Guanabara, Lacerda discursou em Palácio combatendo a idéia da prorrogação, na qual percebia o fortalecimento militar e o esvaziamento das candidaturas civis.

Foi derrotado. No dia 22 de julho de 1964 era aprovado no Congresso, por 205 votos a favor e 96 contra, a emenda constitucional n. 9 cujo parágrafo único prorrogava o mandato do presidente da República e do vice até o dia 15 de março de 1967.

Carlos Lacerda era admoestado de todos os lados. A cúpula do seu próprio partido, tornado governista, já o considerava incômodo, e o presidente Castello Branco o advertia de que podia fazer oposição mas sem dividir a UDN, na qual a revolução se apoiava. Também Costa e Silva o interpelava. Teria ele acaso certeza absoluta de ganhar a eleição? Por que correr o risco (com a realização prematura do pleito) de uma derrota para o regime, o que obrigaria a nova revolução?

A essa altura o governo militar já mostrara a que viera.

Assim, por exemplo, cuidara-se de instrumentar a polícia política com um Serviço Nacional de Informações (SNI). Embora a contragosto e reelaborando um pouco o texto recebido, o Congresso acabara aprovando o projeto, enquanto o presidente da República tentava tranqüilizar o Legislativo e o país acerca dos objetivos desse inquietante órgão (cuja presença se alastraria a toda parte) criado pela lei n. 4.341 de 13 de junho de 1964. Seu titular era o general Golbery do Couto e Silva.

A política econômica

No âmbito econômico cortavam-se subsídios às importações de petróleo, trigo e papel de imprensa, com reflexo sobre a alta do custo de vida, sem contrapartida no nível dos salários. O mercado de consumo sofria retração, o que deixava apreensivo o próprio ministro da Guerra.

A imediata execução de uma reforma fiscal e tributária se tornava possível através de emenda constitucional destinada a suspender a vigência do § 34 do art. 141 da Constituição de 1946, que proibia a cobrança de impostos não mencionados na previsão orçamentária.

O receituário recessivo e fiscalista do monetarismo, que a pretexto de combate à inflação provocava o refluxo dos negócios e o desemprego, era de molde a provocar a insatisfação geral.

Também o esvaziamento da lei de remessa de lucros era posto em pauta. Em julho, o ministro do Planejamento Roberto Campos apelava à Câmara, argumentando tratar-se de providência essencial para a obtenção do reescalonamento da dívida externa a revogação dos artigos 31, 32 e 33 da lei n. 4.131 de 3 de setembro de 1962, os quais estabeleciam um teto de 10% para as remessas anuais. Conseguiu o seu intento: a lei 4.390 sancionada em 29 de agosto de 1964 registrou, entre outras, essa modificação, suprimindo o teto para a remessa de lucros.

Deputados combativos se confrontavam com o novo presidente da Eletrobrás, completamente divorciado dos objetivos nacionais que haviam inspirado a criação dessa estatal.

O presidente Castello Branco defendia acirradamente suas opções em matéria de política econômico-financeira. Em resposta às pressões para alterá-las e afastar os ministros especialmente visados (Roberto Campos, Octavio Gouveia de Bulhões e Mauro Thibau, das pastas do Planejamento, Fazenda e Minas e Energia, respectivamente) estimulava-os a comparecer perante o Legislativo.

Em meados de agosto Roberto Campos expunha na Câmara o Programa de Ação Econômica do Governo (PAEG). Quase em seguida era o ministro Gouveia de Bulhões que vinha informar sobre as medidas adotadas para combater o déficit.

Em contrapartida, o deputado Herbert Levi, da UDN paulista, comunicava que iria à luta aberta contra a política do ministro Roberto Campos, declarando-se convocado pelas classes produtoras de São Paulo, Minas, Paraná e outros Estados para um debate público pela televisão com ele.

No início de setembro de 1964 o ministro Mauro Thibau fazia aos parlamentares uma explanação sobre o problema da Amforp (Bond & Share). Logo o Senado recebia mensagem presidencial solicitando a aprovação do Congresso para a operação de "compra".

Tratava-se da retomada de entendimentos interrompidos em 1963 porque a quantia pedida fora considerada absurda, ainda mais tendo em vista os evidentes lucros ilegais já auferidos pelas concessionárias do setor de eletricidade. No caso particular da American & Foreign Power acrescia a experiência com a sua subsidiária no Rio Grande do Sul, onde a Comissão de Tombamento concluíra que em caso de encampação a empresa nada tinha a receber mas sim a restituir, o que levou em 1959 o então governador recém-empossado Leonel Brizola a proceder, com firmeza e coragem, à competente desapropriação por utilidade pública.

O Congresso se sentia ao mesmo tempo intimidado e profundamente constrangido. Como proceder?

O Ato Institucional de 9 de abril estabelecera o sistema de aprovação por decurso de prazo.

> Art. 4º O presidente da República poderá enviar ao Congresso Nacional projetos de lei sobre qualquer matéria, os quais deverão ser apreciados dentro de trinta dias a contar do seu recebimento na Câmara dos Deputados e igual prazo no Senado Federal; *caso contrário, serão tidos como aprovados.*
>
> § único O presidente da República, se julgar urgente a medida, poderá solicitar que a apreciação do projeto se faça em trinta dias em sessão conjunta do Congresso Nacional, na forma prevista neste artigo.

Ou seja, a não apreciação de um projeto não significava mais sua rejeição; ao contrário, redundava em aprovação automática.

De nada adiantaria, portanto, ao Legislativo recorrer à obstrução dos trabalhos, pois, uma vez vencido o prazo consignado no Ato Institucional, o projeto seria considerado aprovado.

Acresce que no caso em pauta o governo estava firmemente decidido a obter um respaldo pelo voto.

Contudo os parlamentares relutavam em praticar a coonestação explícita. Na véspera da data marcada para a votação do projeto das concessionárias, as lideranças, atendendo ao governo, tiveram que fazer um esforço especial para reunir os congressistas. O clima era de ameaça de crise, que seria deflagrada pelo Executivo se desatendido. Foi em tais circunstâncias que o Congresso aprovou e acabou sendo promulgada a lei n. 4.428 de 14 de outubro de 1964, que autorizou a aquisição, coordenada pela Eletrobrás, das ações das empresas controladas pelos grupos Amforp e Bepco, sob a forma de empréstimo da Amforp à Eletrobrás.

Ao invés da encampação, comandada pelo Estado e com vistas ao interesse público, realiza-se a "compra", determinada pela empresa e nas condições impostas por ela e lesivas ao País[5]. Não tardava e eram assinados os decretos de números 54.936 e 54.937, ambos de 4 de novembro de 1964, desta vez beneficiando especificamente a Light, cujo ativo imobilizado passava a ser calculado com correção monetária, com o conseqüente rejustamento tarifário.

A desordem política

A violência e o desmando continuavam instalados.

Em setembro, por exemplo, já não era possível a quem quer que fosse negar a prática de torturas, à vista de denúncias fundamentadas acerca de sevícias praticadas contra presos políticos. Tendo de reconhecer o incontestável, o governo anunciava a disposição de apurar ocorrências em Pernambuco e em outros Estados.

O chefe da Casa Militar era enviado em missão para averiguar os fatos, que o presidente declarava considerar intoleráveis. A apuração, conforme se verificou mais tarde, não teria maiores conseqüências, mas serviu para conferir ao governo uma aparência de "brandura", ao mesmo tempo que exacerbava o rancor dos agentes envolvidos nas práticas denunciadas.

---

5. Na opinião do ex-deputado Euzébio Rocha, o caso Amforp criava para o Brasil "a opção de aumentar em trinta vezes as atuais tarifas de energia ou estagnar o desenvolvimento industrial do país pela liquidação de recursos através da Eletrobrás."

O arbítrio imperava. As comissões de inquérito agiam vexatoriamente nas escolas e universidades, acirrando os ânimos e aumentando ainda mais o desprestígio do governo.

Por outro lado, o pronunciamento do presidente animava os dirigentes do PSD a focalizar o tema da tribuna parlamentar. Reiterando seu intuito de colaboração política, declaravam-se no entanto constrangidos com a violação das regras mais comezinhas do respeito à pessoa humana e a prática de crimes contra a integridade física e moral dos cidadãos. Também tomavam posição contra o terror cultural, o obscurantismo dos inquéritos e a ação policial nessa área, estimulada pela atitude do próprio ministro da Educação.

Todas as normas eram violadas. Assim, por exemplo, o DOPS se permitia convocar deputados para depor, sem levar em conta o fato de que um deputado só podia ser arrolado como testemunha, pois para fazê-lo como indiciado havia que primeiro se obter licença da Câmara.

Esse quadro não se altera substancialmente com o término da vigência do art. 7º do Ato Institucional, referente a expurgos na área administrativa, civil e militar.

É verdade que o prazo para os decretos punitivos se encerrava em meados de outubro, o que aliás estimulou a assinatura deles nesse período final.

Porém, as garantias civis continuavam bastante precárias.

Na segunda quinzena de outubro de 1964 um general sediado no Ceará se recusava a libertar deputados presos nesse Estado, acusados de envolvimento em problemas apurados no âmbito administrativo. Esses deputados só foram soltos após a chegada do procurador da Justiça Militar e do coronel Meira Matos, emissários enviados pelo presidente da República. Todavia, na madrugada seguinte a Assembléia Legislativa, apreciando o inquérito militar, cassava os mandatos dos acusados: a arbitrariedade fora "formalizada". Quase em seguida um major oficiava ao presidente da Câmara dos Deputados "determinando" a presença de dois deputados federais em Fortaleza[6].

Alguns comandos questionavam, aliás, a obrigatoriedade de se encerrarem os expurgos em 15 de novembro – como no caso do Maranhão onde se pretendia prosseguir os inquéritos uma

---

6. Também com referência ao Ceará, um senador do PSD partia às pressas em novembro para uma cidade do interior desse Estado, a fim de verificar a situação de cerca de vinte correligionários seus que haviam sido presos como subversivos.

vez que, no entender dos interpelantes, o art. 7º do Ato Institucional não teria sido convenientemente executado por exigüidade de tempo.

Apaziguadoramente, o presidente Castello recomendava a todas as chefias militares que contivessem as manifestações dos seus subordinados nos estritos limites da lei. Também à C.G.I. era marcado prazo para o envio dos Inquéritos Policial-Militares (IPMs) à Justiça. Contudo, os próprios IPMs em curso, tão constrangedores, não eram arquivados – teriam que ser conduzidos até o fim. Quanto ao fato de que um IPM atropelara em São Paulo, sem razão plausível, o próprio presidente do Congresso, Castello preferia atribuir a crise decorrente e o susto parlamentar à falta de uma lei de imprensa, capaz de coibir a sofreguidão por notícias.

O caso de Goiás continuava em pauta.

Mauro Borges fora definitivamente colocado sob a mira dos militares, acusado de permitir a estruturação de um esquema contra-revolucionário na área. Ameaçado, reagia por discursos e atos, mobilizando o Estado e concentrando a Polícia Estadual em Goiânia.

Também entrara com pedido de *habeas-corpus* preventivo junto ao Supremo Tribunal Federal. O ministro-relator determinou a sustação de qualquer medida da Justiça Militar contra o governador visado e em fins de novembro lhe era concedido o *habeas-corpus* requerido.

Essa decisão do Judiciário apenas serviu para acirrar o inconformismo daqueles que haviam pretendido que o processo tivesse permanecido com a Justiça Militar.

Encampando as acusações do inquérito e também as informais, Castello emitia veemente nota indicando o caminho da intervenção federal. Como o ministro da Justiça lhe fizesse ver a absoluta falta de respaldo jurídico para tal, o presidente decidiu resolver pelos seus próprios métodos o impasse criado.

Com efeito, Castello Branco estava determinado a eliminar o que qualificava de "central subversiva implantada no coração do Brasil", mas não podia submeter o governador à Justiça Militar, já que a decisão do Supremo o resguardara.

A idéia era criar uma situação de fato, afastando Mauro Borges de suas funções, embora sem prendê-lo. Nas novas condições a Assembléia Legislativa, que até então se recusara a isso, permitiria o julgamento do governador.

Dentro desse esquema, tropas federais foram movimentadas na direção de Goiânia. E assim, quase em seguida à concessão do *habeas-corpus*, o governador Mauro Borges entregava o governo de Goiás ao interventor, o coronel Meira Matos.

Consumado o plano, tratou-se de obter sua coonestação pelo Congresso, devidamente coagido com o argumento de que havia mais uns dez Estados passíveis de sofrer operação análoga. No início de janeiro de 1965 o coronel Meira Matos dava por concluída sua tarefa, depois de "reordenar" a política no Estado de Goiás.

Lacerda se dissocia de Castello Branco

Quanto a Carlos Lacerda, governador da Guanabara, a frustração causada pelo adiamento da eleição presidencial lhe despertara a sensibilidade com respeito às medidas econômicas que vinham sendo adotadas e que notoriamente provocavam a insatisfação geral. Praticamente em campanha, pois não desistira de ser candidato, declarava discordar da política econômico-financeira do governo, prevendo para breve uma crise sem precedentes.

Em setembro de 1964, viajando pelo norte do país, já pregava pela televisão a tese de que a revolução devia lançar um candidato à Presidência.

Tinha como aliados os militares e civis adeptos seus, para os quais o 1964 significara basicamente a deposição da antiga situação política dominante (PSD-PTB) contra a qual sempre haviam conspirado a fim de que uma vez realizado o expurgo daqueles que fossem classificados como "corruptos" ou "subversivos", o governo retornasse aos civis, ou seja, à UDN. Esse setor especificamente lacerdista se sentia desiludido com o fato de que o regime militar se fortalecia, inclusive com o apoio da cúpula da UDN, satisfeita com a proximidade dos novos detentores do poder.

Na direção de Lacerda afluíam também outros ativos conspiradores decepcionados pela marginalização à qual o poder decisório absoluto da Escola Superior de Guerra os submetia. Ou aqueles militares cujas mentes haviam sido trabalhadas por uma profunda virulência ideológica e que se sentiam perplexos ante certas manobras táticas (que eles não percebiam como tais e interpretavam como indesejável "brandura") adotadas pelo governo no relacionamento com o "adversário". Ou ainda os encarregados de tarefas repressivas, que se julgavam ameaçados pelo fim da vigência do Ato Institucional.

Mas, além desses setores, o oposicionismo de Lacerda encontrava eco também entre os oficiais que não se conformavam, da mesma forma que largos setores da população consciente em geral, com o entreguismo econômico implantado e a sujeição atentatória à soberania do país. Tratava-se de traço novo no concernente ao lacerdismo que durante o regime anterior, talvez por ferrenha oposição sistemática, costumava se contrapor a essas teses, características do trabalhismo-nacionalista.

O lacerdismo fazia campanha contra o governo Castello Branco pela *Tribuna de Imprensa,* cujos responsáveis eram o próprio Lacerda e o jornalista Helio Fernandes.

Uma outra vertente oposicionista, contrária ao lacerdismo, se expressava através do *Correio da Manhã.* Tendo aderido ao movimento quando o golpe já estava sendo praticamente deflagrado, por parecer aos diretores do jornal e aos setores por ele representados que o presidente João Goulart havia perdido as condições de governabilidade devido à "agitação", não tardaram eles a perceber que a Constituição, em nome de cuja defesa o governo fora deposto, logo fora violada pelo Ato Institucional de 9 de abril; e que a ordem pública que o movimento pretensamente se propunha restabelecer nunca estivera tão ameaçada, dando lugar a um sistema de terror e arbítrio, que passou a ser cotidianamente denunciado. E como tolerar o fato de que um ex-presidente da República, Juscelino Kubitschek, escolhido candidato presidencial pelo partido majoritário, em convenção de março de 1964 (e cujo apoio o presidente Castello solicitara para garantir sua eleição pelo Congresso em 11 de abril), houvesse sofrido a violência de ter seus direitos políticos cassados sem que se tivesse comprovado algo que justificasse essa usurpação?

O PSD já não tinha mais candidato e a UDN ainda não escolhera oficialmente o seu.

Certo do apoio das bases a ele, Lacerda insistia na convocação da convenção partidária para ser lançado. A cúpula, porém, resistia. Também Magalhães Pinto, que se considerava presidenciável, preferia um adiamento que lhe permitisse ganhar tempo para suas próprias articulações.

Carlos Lacerda e o general Castello Branco não estavam ainda propriamente rompidos em outubro. O presidente até convidou seu desafeto para chefiar a delegação brasileira à Assembléia da ONU – mas não desejava que ele seguisse já candidato, pois isso significaria o apoio do governo a uma candidatura que notoriamente não lhe agradava.

No início de novembro, Lacerda regressava triunfante de uma excursão eleitoral pelo Nordeste. E subitamente o quadro mudava, apesar dos ataques feitos à política econômica de Roberto Campos, durante a campanha. Castello, que achava prematuro o lançamento de candidaturas, já não se opunha a isso, e também a UDN, em conseqüência, suspendia suas resistências à realização da convenção que consagrou Lacerda por maioria esmagadora. Igualmente desaparecia a incompatibilidade entre a oficialização da candidatura e a missão no exterior: apesar de candidato, Lacerda não perdia sua função na Assembléia da ONU. Em Nova York, o embaixador Juracy Magalhães lhe fixava dois pontos básicos de conduta política: integral solidariedade ao governo do presidente Castello Branco e uma atitude não-hostil para com os Estados Unidos[7]. Em resposta, Lacerda esclarecia que em hipótese alguma conflitaria com o presidente.

Contudo, ao regressar, retomava a ofensiva eleitoral acusando o presidente de haver traído a revolução e prometendo prosseguir na aplicação do Ato Institucional, além de preconizar o expurgo no Supremo Tribunal Federal.

Essa linha de ataque, pela qual se recomendava não apenas ao seu eleitorado característico como também aos demais extremados, era por outro lado combinada com uma severa crítica da política econômica antinacional que vinha sendo praticada e que efetivamente repugnava ao patriotismo de grande parcela dos militares. Fundindo os dois ângulos do enfoque, apesar da ausência de relação entre eles, procurava explicar a entrega das empresas brasileiras ao controle externo pelo fato de haver sido confiado o comando da política financeira a um elemento da situação deposta, Roberto Campos, que pertencera à equipe dos proscritos Juscelino Kubitschek e João Goulart. Dessa forma, o governo era atacado tanto pelo programa econômico adotado como por uma pretensa complacência na conduta política. No entanto, era evidente que Roberto Campos representava justamente a expressão mais acabada da nova situação dominante.

A nova política de minérios

Por essa época estava em pauta o rumoroso caso da mineradora Hanna que tivera suas concessões ilegítimas no vale do

---

7. Apesar da óbvia má repercussão da frase "o que é bom para os Estados Unidos é bom para o Brasil", baseada na atribuída ao presidente da General Motors ao assumir o Departamento da Defesa a convite do presidente Einsenhower ("o que é bom para a General Motors é bom para os Estados Unidos"), o embaixador Juracy Magalhães, que a pronunciara, continuava a reiterar esse ponto de vista, sempre que interpelado.

Paraopeba, em Minas Gerais, anuladas por despacho presidencial de 21 de agosto de 1961, ao qual foi dado cumprimento em 14 de junho de 1962 pelo ministro Gabriel Passos, durante o governo João Goulart. Havendo a empresa recorrido, obteve liminar que, entretanto, acabou sendo revogada pelo Tribunal Federal de Recursos.

Agora a orientação do presidente Castello e seu ministro das Minas e Energia era favorável à corporação. E a Comissão Interministerial então formada concedeu a ela uma série de enormes privilégios, motivando os protestos da Cia. Vale do Rio Doce, do ex-ministro João Agripino que fez acerbas críticas da tribuna do Senado, do governador Magalhães Pinto em nome do Estado de Minas Gerais e também do governador Carlos Lacerda, atento ao fato de redundarem as vantagens conferidas à Hanna em prejuízo para a Companhia Siderúrgica da Guanabara (Cosigua).

Ao submeter a minuta da Comissão Interministerial ao Conselho de Segurança Nacional, o governo encontrou a firme oposição do general Pery Bevilacqua, chefe do Estado Maior das Forças Armadas, que informou estarem seus subordinados muito apreensivos com a nova política de minérios; quanto a ele próprio, estranhava que o diretor da Hanna houvesse tido audiência com o presidente, acompanhado do embaixador Lincoln Gordon. A reunião teve que ser suspensa, tal a tensão e a delicadeza do assunto[8].

Havendo assumido o nacionalismo econômico, também Lacerda, municiado pelo ex-ministro e então senador João Agripino com documento comprobatório de que a Hanna do Brasil recebera informação prévia (que transmitira à matriz americana) sobre a nova política entreguista de minérios, comunicou o fato ao Brasil inteiro. Não obstante, e apesar de todas as denúncias e protestos, a proposta originária da Comissão Interministerial se transformava no decreto n. 55.282, promulgado em 22 de dezembro de 1964[9].

---

8. Cf. Hélio Silva e Maria Cecília Ribas Carneiro, *Os Governos Militares*, n. 20 da História da República Brasileira, São Paulo, Editora Três, 1975, p. 59.
9. V. Osny Duarte Pereira, *Ferro e Independência*, Rio de Janeiro, Civilização Brasileira, 1967. Toda a questão de Hanna e da política de minérios é estudada de maneira conclusiva nessa obra exaustivamente documentada, em cujo apêndice também se encontra transcrito o Dec. 55.282.

O acordo para garantia de investimentos

De qualquer modo o governo chegava ao fim de 1964 eufórico pela conclusão das negociações financeiras com os Estados Unidos, vendo nesse fato o sinal da confiança externa, a única que lhe interessava.

No início de fevereiro de 1965 o embaixador do Brasil, Juracy Magalhães, e o administrador da Usaid firmavam um *Acordo sobre garantia de investimentos privados entre os Estados Unidos do Brasil e os Estados Unidos da América* que chocou profundamente a opinião pública. Tratava-se em essência de proteger as corporações contra riscos como os decorrentes da dificuldade de obter dólares para remessa de lucros e dividendos; ou contra desapropriações. Com esse objetivo estabelecia-se, ao arrepio da soberania nacional, que em caso de divergência a condição de última instância (constitucionalmente o Supremo Tribunal Federal) seria transferida para um tribunal especial de arbitramento com juízes aceitos pelo governo norte-americano e definido na forma do Tratado de Washington de 1929[10].

A operação São Domingos

Alguns meses depois o Brasil se associava à intervenção militar em São Domingos.

O presidente Juan Bosch fora deposto em setembro de 1963 através de um golpe desfechado após haver ele tomado algumas medidas econômicas desvantajosas para duas grandes empresas norte-americanas, assumindo o governo uma Junta Militar.

Ao eclodir em abril de 1965 a revolução constitucionalista liderada pelo coronel Caamaño, destinada a restabelecer a legalidade, os Estados Unidos fizeram desembarcar em 6 de maio cerca de 20 mil fuzileiros navais na República Dominicana, alegando que se tratava de movimento de inspiração comunista.

---

10. V. Euzébio Rocha, *O Acordo de Garantias*, Fulgor, 1965, cujo capítulo XXV se intitula, significativamente, "Acordo sobre Garantias de Investimentos Privados entre os Estados Unidos do Brasil e os Estados Unidos da América – sua Inconstitucionalidade e Outros Aspectos Jurídicos". Em 1962 fora frustrada uma tentativa nesse sentido. Agora o Acordo era firmado, mas o Congresso relutava em ratificá-lo; só depois de vários meses o governo conseguiu o seu intento.

Configurava-se uma nítida violação dos artigos 15 e 17 da Carta da Organização dos Estados Americanos (OEA) firmada em Bogotá em 1948, os quais, de acordo com o princípio da auto-determinação, proibiam a intervenção direta ou indireta de um Estado ou de um grupo de Estados nos assuntos internos de outro, seja por que motivo fosse, bem como a ação militar sob qualquer pretexto ou justificativa.

Uma vez praticada tal infração, o presidente Lyndon B. Johnson preferiu que ela passasse a se inserir numa espécie de sanção coletiva.

Com efeito, ocorria que o Tratado do Rio de Janeiro firmado em 1947 possibilitava à OEA, sobrepondo-se à ONU, o direito de intervenção para a defesa do continente. Formalmente estabelecia-se apenas um pacto de defesa coletiva continental: se um país intra ou extracontinental interviesse na área estaria sujeito a sanções coletivas. Todavia, no contexto da guerra fria, não tardou que o conceito de agressão *intracontinental* fosse sendo elasticizado, abrangendo não apenas a intervenção de um Estado em território de outro, como a própria tentativa de um país continental soberano no sentido de proceder a transformações vistas com desagrado pela nação hegemônica e como tais incluídas na figura da *intervenção ideológica*. Às fronteiras geográficas acrescentavam-se como objeto de zelo as *fronteiras ideológicas*, da mesma forma que a soberania era substituída pela *interdependência*.

Johnson propôs portanto aos demais países americanos que participassem da operação invasora que provocava protestos veementes no mundo todo, inclusive nos Estados Unidos.

Conseguiu a adesão de Salvador, Honduras – e do Brasil.

Em seguida, tomando como exemplo essa força que assumira a responsabilidade pela ocupação da República Dominicana – realizada contra os militares constitucionalistas e o presidente Bosch, mantido no exílio – passou a defender a idéia da criação de uma Força Interamericana Permanente de Paz [sic] naturalmente para enfrentar o irridentismo dos povos inconformados.

Ao propor sua tese, Johnson lembrou que o comando da força que atuava em São Domingos cabia a um general brasileiro, afirmação essa que chegou a levantar uma certa polêmica, porquanto se tratava de um comando mais formal que efetivo, visto que, para grande preocupação do embaixador Lincoln Gordon, empenhado em manter as aparências, o chefe das tropas norte-americanas deixara bem claro que em caso de dúvida acataria sem hesitação as ordens do Pentágono[11].

De qualquer forma não foi fácil ao governo brasileiro atender à solicitação de Washington.

Tempos antes chegara a haver especulações em torno de um possível envio de tropas brasileiras para o Vietnã, mas já em março se dissipavam.

Quanto a São Domingos, embora a situação geográfica desse país fosse diversa, a disposição do presidente Castello encontrava a maior resistência por parte da opinião e do meio político.

O PSD opinava que a OEA teria primeiro que declarar pelo quórum adequado que havia ameaça continental na luta interna que se travava na República Dominicana; só então o Brasil se disporia a agir, examinadas as circunstâncias.

O próprio deputado udenista Bilac Pinto, presidente da Câmara, considerava que o governo norte-americano cometera um erro em sua política externa, erro esse que o Brasil não tinha motivo para endossar, mesmo que a OEA decidisse constituir uma força internacional para assegurar a paz e a ordem em São Domingos.

À vista dessas críticas, o governo brasileiro fez sentir ao norte-americano a dificuldade de conseguir a aprovação pretendida, uma vez que o presidente Johnson se precipitara em agir sem consulta prévia à OEA. Ressalva à parte, contudo, o governo brasileiro apoiaria ostensivamente a intervenção norte-americana.

Bilac Pinto continuava reiterando suas objeções à intervenção; porém, diante do fato consumado, não se negaria em aceitar a decisão do governo brasileiro, desde que a partir de uma resolução da OEA.

Portanto, a posição do Congresso, adotada de um ponto de vista formal e sem entrar no mérito da questão, era a seguinte: a atitude dos Estados Unidos era condenada; todavia, se o governo Castello Branco determinasse o envio das tropas com base em requisição da OEA e para os fins descritos nos tratados interamericanos, essa deliberação seria prestigiada.

Vasco Leitão da Cunha, ministro das Relações Exteriores, recordava com desagrado que Bilac Pinto, quando membro da delegação brasileira à Assembléia da ONU, protestara em des-

---

11. Cf. Hermano Alves, "Força Interamericana Permanente de Paz: o Braço Armado do Império", *Política Externa Independente*, n. 2, Rio de Janeiro, 1965.

pacho reservado que lhe dirigira contra as gestões que visavam implantar no Brasil uma espécie de governo cubano no exílio.

E os extremados já atacavam o deputado, atribuindo-lhe o propósito de sobrepor-se ao presidente da República na direção da política externa do país.

Por tudo isso, havendo feito sua opção e impondo-a ao Congresso, o presidente Castello, num discurso pronunciado em Teresina no dia 28 de maio, sustentou seu ponto de vista e dissertou sobre o conceito de *fronteira ideológica*, em substituição ao de fronteira territorial.

As eleições de 1965

1965 era um ano eleitoral.

Além do pleito na capital do Estado de São Paulo, em março, havia em outubro a escolha dos governadores de onze Estados, inclusive Minas Gerais e Guanabara. Os demais (e São Paulo entre eles) teriam eleição apenas em 1966.

Em fevereiro de 1965 ainda pairavam dúvidas no concernente ao que ocorreria na prefeitura de São Paulo. Tudo era possível, desde o cancelamento do pleito até a transformação do município em base militar.

Mas eis que a capital paulista se orienta para a candidatura do brigadeiro Faria Lima, ligado ao ex-presidente cassado Jânio Quadros, o que lhe conferia um cunho oposicionista, rentável eleitoralmente. O curioso é que tal candidatura era do agrado do governo, pois nesse passo tratava-se de enfraquecer o governador presidenciável Adhemar de Barros, tradicional adversário do janismo. A operação é bem-sucedida, obtendo Faria Lima cerca de 40% dos votos.

Quanto à eleição para governador, marcada para outubro, Magalhães Pinto e Lacerda desejariam que fosse adiada, a exemplo do que ocorrera com a eleição presidencial. Embora Lacerda já tivesse sido escolhido candidato à Presidência da República na convenção da UDN, Magalhães Pinto ainda conservava pretensões nesse sentido. De qualquer forma, ambos compreendiam perfeitamente que o fato de deixar o governo dos respectivos Estados um ano antes da disputa presidencial, marcada para fins de 1966, diminuiria consideravelmente suas chances para os próximos lances. Tinham bastante consciência de que seu êxito na eleição estadual de 1965 era bastante duvidoso e que na qualidade de chefes civis da revolução se exporiam, através dos candidatos que indicassem, a um eleitorado que além de traumatizado politicamente estava muito insatisfeito também quanto ao programa econômico, e portanto hostil. Em suma, se apresentariam para a eleição presidencial sem o respaldo de sua base. Bem diverso seria poder candidatar-se tendo na retaguarda, cumprindo o restante do mandato, o atual vice – o que ocorreria se ganhassem mais um ano de governo.

Como São Paulo se incluía entre os Estados onde a eleição só se realizaria em 1966, Adhemar de Barros, beneficiário da situação, não apenas se desinteressava do problema que afligia aqueles dois governadores, como até se manifestava escandalizado com a aberta manobra prorrogacionista de Magalhães Pinto, o qual conseguia na Assembléia Legislativa decisão favorável à sua pretensão.

Embora também desejasse ardentemente tal providência, Lacerda não podia externar seu ponto de vista com mesma desenvoltura do governador mineiro. Este anteriormente já advogara o adiamento da eleição presidencial e sua conduta agora podia ser apresentada como de simples coerência. Já o governador da Guanabara, que se opusera com vigor, hesitava em explicitar-se para não parecer que incorria em mero oportunismo. Vencida a vacilação, enviava por fim ao presidente Castello em meados de março de 1965 uma extensa carta manifestando sua concordância com a prorrogação dos mandatos estaduais. Em princípio, conforme argumentava, era favorável à realização das eleições no prazo previsto; uma vez, porém, que o governo federal procurava fórmulas para promover a coincidência aos mandatos (e em nome dessa tese se estendera o período presidencial) sugeria também para a situação em pauta a mesma solução desde que votada pelo Congresso Nacional.

De posse desse documento, o marechal Castello Branco, depois de simular um certo espanto ante a adesão de Lacerda à proposta de adiamento, externou tranqüilamente sua posição favorável à convocação imediata das eleições estaduais. Dava a entender que agia sensibilizado pelo ponto de vista de setores militares que, observando o longo debate sobre fórmulas destinadas a evitar a sucessão em onze Estados, haviam chegado à conclusão de que o melhor seria promover logo a livre manifestação das urnas...

A provocação surtiu o efeito esperado, beneficiando a imagem do governo em detrimento da de Lacerda. Percebendo a manobra para marginalizá-lo, o governador da Guanabara se exacerbava comportando-se como outrora, quando repetidamente golpeava a democracia a pretexto de defendê-la. A opinião democrática já o encarava como o principal óbice a uma reformulação política vinculada ao realinhamento de forças decorrente da manifestação crítica de setores que, embora havendo participado do movimento de 1964, se opunham à ditadura.

Com efeito, tudo indicava a perspectiva de um certo desafogo.

O PSD e a oposição em geral se animavam. No Congresso já se cogitava de conseguir a revisão de punições. Até o marechal Lott, símbolo do legalismo militar posto por terra, concedia entrevista ao *Correio da Manhã*.

Com a firmeza de sempre o marechal preconizava a devolução dos direitos políticos a todos os cidadãos deles indevidamente privados num processo que atingira, inclusive, três ex-chefes de Estado, todos os três eleitos pelo povo em eleições livres e diretas. Às Forças Armadas caberia justamente assegurar a realização de um pleito desse tipo para eleger, dadas as circunstâncias, de preferência um civil: só assim elas estariam exercendo sua missão constitucional, organizadas com base na hierarquia e na disciplina.

Mencionando o movimento de 11 de novembro de 1955 ressaltou mais uma vez o caráter legalista dele, lembrando que tivera por objetivo assegurar a posse ameaçada de candidatos eleitos (Juscelino e João Goulart) muito embora vários participantes como ele próprio, Teixeira Lott, houvessem votado nos candidatos derrotados. Quanto à tentativa de justificar a intervenção violenta de 1964 como uma reação ao tipo de clima que se teria instalado nas Forças Armadas, o marechal, ao mesmo tempo que frisava jamais ter admitido a indisciplina, observava que se poderia muito bem ter saído da crise sem o abandono das normas constitucionais e da legalidade. Sobre o Ato Institucional opinava que além de ferir a consciência jurídica do povo brasileiro, teria se transformado num instrumento de ódio. Opunha-se também à vulgarização do Inquérito Policial-Militar (IPM) que era uma instituição específica das Forças Armadas; mesmo porque a Justiça Militar só podia constitucionalmente estender-se aos civis para a repressão de crimes contra a segurança externa do país e as instituições militares. Solicitava o restabelecimento de uma série de liberdades suprimidas: de reunião, de pensamento e imprensa, sindical, universitária e estudantil em geral. Estigmatizava as ditaduras, acusando-as de se manterem apenas pela violência e pela corrupção. E acrescentava que a ditadura militar "de um lado contribui para impopularizar as Forças Armadas e de outro as contamina com o micróbio da corrupção".

Por essa época a Confederação Nacional da Indústria já tornara público um documento de condenação do Plano de Ação Econômica do Governo sendo ressaltados, entre outros tópicos: a restrição ao crédito e a contenção dos reajustamentos salariais; o aprofundamento da estagnação e do retrocesso econômico, combinado com o aumento do custo de vida; a facilidade maior que todas essas circunstâncias criavam aos capitais estrangeiros que pretendessem obter o controle das empresas nacionais.

Essa manifestação do empresariado é levada em conta pelo marechal Lott. Mas a visão do ex-ministro da Guerra é mais abrangente.

Assim, a certa altura de sua entrevista, depois de se referir à situação explanada no documento da Confederação Nacional da Indústria e também ao desemprego em massa que se alastrava, Lott faz veemente denúncia de uma série de medidas tomadas em detrimento do país e em favor dos interesses estrangeiros, arrolando entre outras: as modificações na Lei de Remessa de Lucros, a compra da Amforp, a aerofotogrametria das regiões mais ricas do Brasil, a concessão de um porto ao grupo Hanna e sobretudo o Acordo de Garantias de Investimentos que reputava atentatório à soberania nacional. Temia a mácula que poderia recair sobre as Forças Armadas, pois o povo poderia responsabilizá-las por todos esses atos contrários à emancipação econômica do País.

Matizando esse contexto de relativo abrandamento[12] não faltavam os percalços, evidentemente. Assim, por exemplo, a libertação do ex-governador Miguel Arraes por decisão do Supremo Tribunal Federal provocava uma crise e por falta de segurança ele não tardava a se asilar em embaixada estrangeira. Também no sentido de desestimular excessivo otimismo, o ministro da Guerra condicionava a posse dos candidatos a serem eleitos: não podiam estar incompatibilizados com a revolução.

---

12. Por essa época foram editados entre outros *O Golpe Começou em Washington*, do jornalista cassado Edmar Morel e *O Golpe de Abril*, obra na qual Edmundo Moniz reuniu artigos que publicou no *Correio da Manhã*, do qual era um dos diretores. É verdade que esses livros foram apreendidos em Recife, por ordem policial. Contudo tal procedimento já se tornara rotineiro no País. Ocorreram apreensões de livros e publicações diversas também em Curitiba, por ordem do Comando Militar, e no Rio de Janeiro.

De sua parte os governadores de Minas e da Guanabara formavam uma frente anti-Castello, sendo que Magalhães Pinto nessa aproximação de Lacerda apoiava inclusive a candidatura presidencial deste, já hostilizada pela cúpula da UDN.

Nos ataques ao governo central, enfatizavam ambos a temática do descontentamento dos grupos empresariais com a política econômica adotada. E no plano político, dada uma certa suavização tática do governo para com os correligionários dos proscritos, aliavam-se, em contraposição, aos setores extremados a que pertenciam, por exemplo, os coronéis que chefiavam os IPMs que continuava a investigar – um ano depois de iniciada essa tarefa – acusações de subversão e corrupção.

Era opinião corrente que esses coronéis tinham que apostar no endurecimento para se manterem a salvo. De qualquer forma, sua atuação (e por isso não eram tolhidos apesar da pequena expressão efetiva) servia para que o grupo no poder, pretensamente dissociado deles, cultivasse sua própria imagem de "moderação"; ao mesmo tempo, as exigências desse setor proporcionavam ao governo o pretexto para a adoção, sob doce constrangimento, de medidas integrantes do seu próprio projeto.

Assim já se cogitava – sempre alegando a pressão dos coronéis dos IPMs – de alterar o foro para os incriminados politicamente. Aliás, ainda em revide ao Supremo Tribunal Federal e seus *habeas-corpus*, alvos da irritação dos extremados, trabalhava-se no sentido de alterar a composição dessa Corte.

Com a sinuosa tática habitual, o mal. Castello, no discurso proferido em Teresina no dia 28 de maio (o mesmo em que defendeu o conceito de *fronteiras ideológicas* a propósito da participação de tropas brasileiras na invasão de São Domingos) se mostrava irredutivelmente favorável à realização das eleições estaduais em outubro. Havia contudo de cercá-las de todos os cuidados, o que podia significar a adoção de uma lei de ineligibilidades atenta à consolidação do regime. Descartava a hipótese da edição de um novo Ato Institucional. Mas também vetava a anistia ou a revisão de punições, embora acenasse com a perspectiva de tal medida poder ser talvez encaminhada no futuro, pelo seu sucessor.

Complementando esse discurso, o presidente, num gesto de boa vontade, agia no sentido de cercear a insolência com que certos grupos mais virulentos feriam a liberdade de difusão de livros e realizavam prisões injustificáveis. Em contrapartida, mobilizava o dispositivo governista da Câmara para derrubar uma emenda relativa à revisão das cassações de direitos políticos. Essa conduta era coerente com a diposição anteriormente manifestada de deixar a matéria para o seu sucessor. No entanto, pelo menos em teoria, a possibilidade técnica de uma iniciativa para propor a anistia através de um projeto de lei retornaria já a partir da data da extinção da vigência do Ato Institucional, ou seja, 31 de janeiro de 1966 (que aliás seria também a da posse de um novo presidente se o mandato não houvesse sido prorrogado) quando hipoteticamente se restabeleceria de maneira plena a Constituição de 1946.

Em junho começava a ser definida a lei de inegibilidades.

Preocupado em atingir alvos precisos, o governo recorria fartamente aos casuismos.

Assim, para evitar especificamente a candidatura petebista de Hélio de Almeida ao Estado da Guanabara, estipulava-se a proibição do registro de candidaturas de ministros do governo presidencialista de João Goulart; mas se abria exceção para outros ministros dessa época – os que exerciam mandato e os ministros militares –, dessa forma alcançando exclusiva e até ostensivamente o político visado.

Havia ainda o caso da candidatura do empresário juscelinista Sebastião Paes de Almeida ao governo de Minas.

Na emenda constitucional sobre a matéria era exigido o domicílio eleitoral de quatro anos no Estado; no entanto desobrigava-se da exigência os que houvessem exercido mandato eletivo no Estado ou município. Embora não tivesse os quatro anos de domicílio, Paes de Almeida, já havendo exercido antes mandato político, era protegido pela ressalva. Para excluí-lo, introduziu-se na lei um disposição proibindo o registro daqueles que no passado tivessem utilizado o poder econômico para vencer eleições – conduta essa que, embora sem qualquer exepcionalidade, permitiu enquadrar o candidato em pauta.

Cuidou-se também de tornar inelegíveis os secretários do governador Mauro Borges.

Quanto à Guanabara, uma vez descartado Helio de Almeida, houve a tentativa do PTB juntamente com o PSD para lançar a candidatura Lott. Tratava-se de algo inconcebível para o regime; a simples hipótese de uma viabilização nesse sentido estimulou a exigência dos quatro anos de domicílio, a fim de excluir o marechal.

Feita a triagem, o oposicionismo acabou se fixando em Negrão de Lima em cujo benefício, segundo Lacerda, estaria sendo enfraquecida a própria candidatura udenista de Flexa Ribeiro.

Situação análoga ocorrida em Minas Gerais.

Nesse Estado, no lugar de Sebastião Paes de Almeida que teve seu registro negado pelo Tribunal Eleitoral, foi indicado Israel Pinheiro. Tratava-se de juscelinista também, mas perfeitamente aceitável pelo governo – tanto que o candidato da UDN se viu praticamente sem respaldo no processo sucessório.

O governo manobrava para constituir uma base de apoio própria.

Em Goiás, por exemplo, depois de haver alijado Mauro Borges em favor do udenismo, agora vetava tanto a candidatura udenista de Emival Caiado como a de figuras ligadas a Pedro Ludovico, no intuito de articular forças fiéis ao governo federal em torno de políticos que fossem criaturas suas.

Os ânimos se exaltavam.

O governador Magalhães Pinto insistia em evitar o pleito, ainda mais por perceber que além da insatisfação encaminhar o eleitorado na direção de um candidato oposicionista, o próprio governo jogava nesse sentido. Aos emissários enviados pelo presidente para dialogar com ele, declarava que Minas não daria posse a corruptos ou a pessoa vinculada ao sistema deposto pela revolução, da qual se considerava chefe civil. Era governador de um Estado poderoso, com uma Polícia Militar forte, cujo comandante lhe dava apoio.

Não tardava a retroceder, negando intenção conspirativa, mas a crise estava armada.

Com a eleição tornada irreversível, Magalhães Pinto clamava contra a má vontade do governo para com as personalidades que haviam feito a revolução. Criticava também o projeto de lei propondo nova sistemática da distribuição das rendas públicas, de modo a colocar Estados e municípios em estrita dependência do Tesouro Federal. Observava que o Executivo, na sua ânsia de tudo açambarcar, não trepidava em retirar em seu benefício poderes do Congresso. Referia-se ainda ao sufoco de que eram vítimas os trabalhadores e os estudantes, ao descontentamento dos empresários, às vezes ocultado por puro medo, e ao desprestigioso abandono da política externa independente.

Note-se que o próprio presidente Castello reconhecia como natural a impopularidade de um governo que teria sido "obrigado" a desgostar o operariado, os estudantes, o funcionalismo, o empresariado.

Para o governador de Minas era difícil aceitar que em tais condições desfavoráveis o governo central insistisse em realizar a eleição de onze governadores. No seu caso particular, parecia-lhe previsível a derrota do candidato que apoiava, com a conseqüente perda do controle político do Estado.

Quanto a Lacerda, solidário com ele no sentimento de estarem sendo traídos, observava com apreensão que já não havia mais dúvida acerca da realização da eleição de 1965. A incerteza que pairava dizia respeito à de 1966 – para a Presidência da República.

E, de fato, ao mesmo tempo que o pleito em Minas e na Guanabara era encaminhado no sentido de infligir derrota a Magalhães Pinto e Carlos Lacerda, e principalmente de fazer com que eles explicitassem com suas atitudes e temores os riscos que representava para a situação uma eleição direta, evoluía a manobra para tornar indireta a eleição presidencial de 1966.

Aliás os investidores norte-americanos se interessavam pelo assunto: e o general Vernon Walters, adido militar dos Estados Unidos, transmitia aos dirigentes do seu país sua opinião favorável à eleição indireta, que considerava mais conveniente, dadas as "circunstâncias".

Nos bastidores, o general Golbery do Couto e Silva trabalhava nesse sentido recebendo, segundo constava, o apoio de expressivo número de generais em comando. Todavia, nem todos os chefes militares estavam de acordo, uns por perceberem o sentido ditatorial da proposta, outros por verem esvair-se por esse processo suas próprias chances de se candidatarem. Também era contrário à eleição indireta o Comando Naval, liderado pelo almirante Saldanha da Gama.

Carlos Lacerda reagiu indignado a essas articulações, atirando-se num ataque frontal contra o general Golbery. Primeiro se adiara a eleição presidencial; em seguida se promovera para futuro bem próximo o enfraquecimento da sua situação na Guanabara, onde era governador; agora, com a fórmula da eleição indireta, praticamente se impedia sua candidatura à Presidência da República.

Também Adhemar de Barros se define pela eleição direta, dispondo-se a lutar por ela. Durante o enfrentamento de Magalhães Pinto e Lacerda com o governo central devido à discussão sobre a conveniência de se realizarem as eleições estaduais de 1965, o governador de São Paulo se conservara tranqüilo; seu Estado integrava o grupo daqueles com sucessão marcada para 1966 e o desgaste de dois dos seus potenciais competidores no pleito presidencial lhe seria até vantajoso. Agora, porém, a perspectiva da eleição presidencial indireta o ameaçava também.

Aliás, lideranças civis da própria área governista viam com reserva a fórmula emergente. E percebiam que o interregno militar imaginado para medear entre a derrubada do governo anterior e a retomada do poder civil tendia a prolongar-se.

É nesse contexto que, aprofundando a perplexidade da UDN, o governo continuava a estimular o êxito eleitoral das candidaturas pessedistas em Minas e na Guanabara, como premissa para articular seu benefício forças políticas regionais próprias – e principalmente a fim de exasperar o ânimo dos governadores desses Estados, bem como o dos setores militares extremados.

O governador Magalhães Pinto acusava a campanha de Israel Pinheiro de revanchista. Por sua vez o governador Lacerda, reagindo à evidência das escassas chances do udenista Flexa Ribeiro, reforçava os ataques a Castello e lançava sobre Negrão de Lima a suspeição de entendimentos com o presidente.

Os setores militares mais agressivos se mobilizavam para não aceitar um resultado das urnas favorável ao oposicionismo.

Como já se antevia, o PSD vence a eleição de 3 de outubro de 1965 em Minas Gerais e na Guanabara.

Otimista, Juscelino se preparara para regressar ao País assim que a vitória se consumasse. Respondia ao IPM do Instituto Superior de Estudos Brasileiros (ISEB) e visto que decisões anteriores reconheciam o direito dos IPMs a ouvir indiciados e testemunhas, já constituíra advogado para solicitar ao Supremo a avocação desse processo. O caso é que, embora não fosse preso, poderia de qualquer forma ser chamado para depor.

No dia 4 de outubro desembarcava, recebendo calorosa recepção popular. Em represália, no dia seguinte, era grafada na pista de asfalto em frente ao Ministério da Guerra, em letras garrafais: "Eles não voltarão". Na madrugada de 5 para 6 de outubro o general Costa e Silva assumia um compromisso de dez pontos com os oficiais rebelados da Vila Militar.

O AI-2

Corriam rumores de que o governo iria pleitar, entre outras medidas, maior pressão sobre os cassados e eleição indireta para a Presidência da República.

Lacerda, rompido definitivamente com o governo federal, discursava no dia 7 pela televisão na qualidade de chefe civil da oposição revolucionária. No dia 9 o Conselho de Segurança Nacional o proibia de falar pelo rádio e televisão.

Percebera de imediato que ao atender pretensamente às manifestações dos extremados, Castello na verdade perseguia objetivos próprios cuja adoção ainda por cima tentava apresentar como decorrente de "acordo". A alegada satisfação ao protesto dos quartéis contra os proscritos – manifestação essa perfeitamente previsível e até provocada pela ostensiva aproximação dos oposicionistas no curso das manobras eleitorais – não passava de um pretexto utilizado pelo governo para pôr em prática seus próprios planos.

A quem se pretendia se satifazer?

Não seria aos militares lacerdistas, os quais evidentemente não desejavam a eleição presidencial indireta que liquidaria a candidatura que defendiam. Entretanto a própria operação tinha a vantagem de isolar, dentro do conjunto dos extremados, o grupo lacerdista predominante entre os coronéis da Guanabara. Estes continuariam desgostosos. Mas os demais se sentiriam compensados do desfecho eleitoral com o conjunto de medidas que iam ser propostas, tão drásticas que não apenas surpreenderam profundamente a área civilista como provocaram o pedido de demissão do ministro da Justiça Milton Campos, tão logo ficou certo que a respectiva mensagem seria enviada ao Congresso.

Simultaneamente, e ainda contrabalançando a vitória eleitoral do PSD, o governo permitia que Juscelino fosse sujeito às maiores humilhações, a ponto de redigirem os deputados pessedistas um telegrama de homenagem para desagravá-lo. Por sua vez o ex-presidente, vítima de sucessivas inquirições, solicitava *habeas-corpus* ao Supremo e por fim tornava a partir para o exterior.

Os rumores sobre a natureza dos projetos preparados se confirmavam.

Inicialmente, Castello Branco tentou obter uma emenda constitucional destinada a transferir para o governo central o comando das Polícias Militares estaduais e a nomeação dos Secretários de Segurança Pública, o que não conseguiu. Enviou então uma mensagem na qual solicitava a ampliação dos casos de intervenção nos Estados, a transferência de jurisdição no caso do julgamento de ex-governadores, ex-presidentes e outras autoridades, o confinamento e mais penalidades para os cassados que se manifestassem sobre matéria política, e a modificação na composição do Supremo Tribunal Federal.

Com respeito a esses últimos projetos enviados ao Congresso o governo alegava não ter condições para transigir, visto que eles representavam o mínimo que podia ser proporcionado para fazer refluir a crise militar. Sabia-se também que se cogitava da promulgação de um novo Ato Institucional. Mas como poderia por exemplo o PSD votar a favor de dispositivos que intensificavam a coação sobre os cassados? E, ainda na área política, também o governador Adhemar de Barros condenava a mensagem do presidente.

No dia 26 de outubro, quando ficou claro que o PSD votaria contra, os governistas se retiraram do plenário, provocando o adiamento da votação. Uma vez configurada a dificuldade de obter no Congresso a aprovação das medidas solicitadas, já na manhã do dia seguinte (27 de outubro) o marechal Castello Branco anunciava a promulgação do Ato Institucional n. 2 – novo passo para a consolidação da ditadura[13]. O ministro da Justiça era Juracy Magalhães, que havia deixado o posto de embaixador em Washington para ocupar a pasta após a demissão de Milton Campos.

Os expurgos recomeçavam, nos termos dos artigos 14 e 15 do AI-2.

Art. 14. Ficam suspensas as garantias constitucionais ou legais de vitaliciedade, inamovibilidade e estabilidade, bem como a de exercício em funções por tempo certo.

§ único. Ouvido o conselho de Segurança Nacional, os titulares dessas garantias poderão ser demitidos, removidos ou dispensados, ou ainda, com os vencimentos e as vantagens proporcionais ao tempo de serviço, postos em disponibilidade, aposentados, transferidos para a reserva ou reformados, desde que demonstrem incompatibilidade com os objetivos da Revolução.

Art. 15. No interesse de preservar e consolidar a Revolução, o presidente da República, ouvido o Conselho de Segurança Nacional e sem as limitações previstas na Constituição, poderá suspender os direitos políticos de quaisquer cidadãos pelo prazo de dez (10) anos e cassar mandatos legislativos federais, estaduais e municipais.

Nesse último caso, não seriam chamados os suplentes para substituí-los, conforme se lia no § único do art. 15:

Aos membros dos legislativos federal, estaduais e municipais que tiverem seus mandatos cassados não serão dados substitutos, determinando-se o quórum parlamentar em função dos lugares efetivamente preenchidos.

O artigo 10 do Ato Institucional de 9 de abril de 1964 estabelecera que o Comando Revolucionário podia

---

13. Cf. Osny Duarte Pereira, *A Constituição do Brasil (1967)*, Rio de Janeiro, Civilização Brasileira, 1967, pp. 292 e ss.

suspender os direitos políticos pelo prazo de 10 anos e cassar mandatos legislativos federais, estaduais e municipais, *excluída* a apreciação judicial desses atos.

Pelo § único do mesmo artigo, o referido poder de arbítrio passava ao presidente da República, uma vez empossado.

O artigo 19, inciso I, do AI-2 reiterava essa inapelabilidade com respeito às punições passadas e futuras, excluindo da apreciação judicial

os atos praticados pelo Comando Supremo da Revolução e pelo Governo Federal, com fundamento no Ato Institucional de 9 de abril de 1964, no presente Ato Institucional e nos atos complementares deste.

Além de reafirmar o caráter irrecorrível das medidas discricionárias, o AI-2 fazia com que passasse a pesar sobre as vítimas um rol suplementar de constrangimentos.

Pelo artigo 16, a suspensão de direitos políticos com base no AI-2 e no art. 10 e seu § único do Ato Institucional de 9 de abril de 1964 acarretava:

I. a cessação de privilégio de foro por prerrogativa de função;
II. a suspensão do direito de votar e de ser votado nas eleições sindicais;
III. *a proibição de atividade ou manifestação sobre assunto de natureza política*;
IV. a aplicação, quando necessária à preservação da ordem política e social, das seguintes medidas de segurança:
   a) liberdade vigiada;
   b) proibição de freqüentar determinados lugares;
   c) domicílio determinado.

Ou seja, além de proibido de se manifestar sobre temas políticos, o cassado podia ainda ser confinado.

O Poder Judiciário sofria alterações.

Pelo art. 98 da Constituição de 1946 o Supremo Tribunal Federal compunha-se de onze ministros, podendo esse número ser elevado por lei, por proposta da própria Corte. Contudo, quando começaram as pressões visando o aumento do número de ministros, os membros do Supremo desencadearam campanha em contrário, identificando o caráter político da medida solicitada. Com efeito, o Supremo, pelos *habeas-corpus* que concedia, não era considerado suficientemente rigoroso para com os representantes da situação deposta ou aqueles que se passava a tratar como subversivos. Por isso o governo pretendia acrescentar aos onze ministros provindos da situação anterior, cinco indicados pelo novo presidente da República. Foi assim que o art. 6º do AI-2 elevou o número de ministros do Supremo Tribunal Federal para dezesseis.

Especialmente grave era a passagem do julgamento dos civis para o foro militar, em contraste com o disposto na Constituição de 1946 que determinava:

> Art. 108. À Justiça Militar compete processar e julgar, nos crimes militares definidos em lei, os militares e as pessoas que lhes são assemelhadas.
>
> § 1º Esse foro especial poderá estender-se aos civis, nos casos expressos em lei para a repressão de crimes contra a segurança externa do país ou as instituições militares.
>
> § 2º A lei regulará a aplicação das penas na legislação militar em tempo de guerra.

Já o art. 8º do AI-2 alterava o § 1º supra, dando-lhe uma redação na qual a expressão *segurança externa* era substituída:

> Esse foro especial poderá estender-se aos civis nos casos expressos em lei para repressão de crimes contra a *segurança nacional* ou as instituições militares.

Ou seja, a mera discrepância política, facilmente qualificada como crime contra a segurança nacional, bastava para entregar os civis à Justiça Militar, transformando-se em corriqueira uma situação antes excepcional.

Criava-se pelo art. 6º a magistratura federal de primeira instância, para retirar da alçada dos juízes estaduais causas de interesse da União e as relacionadas com as corporações estrangeiras, objeto de aguda controvérsia; e também para cuidar dos "crimes" políticos.

O art. 9º do AI-2 determinava que a eleição do presidente da República e seu vice seria *indireta*, realizada pela maioria absoluta dos membros do Congresso Nacional, em sessão pública e votação nominal; no caso de haver vários candidatos e serem necessários diversos escrutínios, depois da progressiva eliminação dos menos sufragados a disputa se faria entre os dois mais votados, vencendo aquele que alcançasse a maioria, mesmo simples.

Pelo art. 26 a data fixada para essa eleição não poderia ultrapassar o dia 3 de outubro de 1966. Tranqüilizando os que suspeitavam o presidente de continuismo, declarava-se no § único desse artigo:

Para essa eleição o atual presidente da República é inelegível.

Quanto aos partidos políticos existentes, o art. 18 os extinguia de uma penada, cancelando os respectivos registros.

E, para melhor respaldar o governo contra a previsível chuva de protestos provindos de todas as áreas, o art. 30 dispunha, reforçando o arbítrio:

O presidente da República poderá baixar atos complementares do presente bem como decretos-leis sobre matéria de segurança nacional.

No § 5º do art. 141 da Constituição de 1946 lia-se:

Não será, porém, tolerada a propaganda de guerra, de processos violentos para subverter a ordem política e social, ou de preconceitos de raça e de classe.

O art. 12 do AI-2 alterava esse texto, introduzindo o conceito de subversão, tão elástico quanto o de segurança nacional:

Não será, porém, tolerada a propaganda de guerra, de *subversão*, ou de preconceitos de raça ou de classe.

Na mesma data de 27 de outubro de 1965 era baixado junto com o AI-2 o Ato Complementar n. 1.

Pelo art. 16 do inciso III do AI-2, a suspensão de direitos políticos acarretava a proibição de atividade política ou manifestação sobre assuntos dessa natureza. O art. 1º do Ato Complementar n. 1 acrescentava que a infração a essa norma constituía crime punível com três meses a um ano de detenção, incidindo na mesma pena quem houvesse de qualquer forma concorrido para ele. Se a infração tivesse sido praticada por meio da imprensa, rádio ou televisão, o responsável pelo órgão de divulgação também seria processado, acrescentando-se à pena pesada multa.

O Ato Complementar n. 1 também tratava das "medidas de segurança" (liberdade vigiada, confinamento) que o inciso IV do art. 16 do AI-2 permitia aplicar aos cassados. Assim no seu art. 2º, esclarecia que tal cerceamento de direitos seria determinado pelo ministro da Justiça após investigação sumária, sendo que da decisão do juiz federal sobre a aplicação e execução da medida de segurança caberia apelação ao Tribunal Federal de Recursos, porém *sem efeito suspensivo*. Em outras palavras, não se aguardava o despacho para proceder à sanção, podendo inclusive ocorrer que quando uma eventual decisão favorável ao requerente fosse conhecida a pena já tivesse sido cumprida.

O último artigo do AI-2, de número 33, estabelecia sua vigência até 15 de março de 1967, data do término do período presidencial; o que permitia – talvez para apaziguar os ânimos – que se alimentasse uma tênue esperança, mesmo que para um futuro ainda recuado.

A data-limite para a realização da eleição presidencial já fora estabelecida no AI-2: 3 de outubro de 1966.

Quanto ao argumento da coincidencia de mandatos com o qual se justificara a prorrogação em julho de 1964 (para que fossem concomitantes a eleição parlamentar e presidencial), o AI-3, promulgado em 5 de fevereiro de 1966, terminaria por desmascará-lo. Com efeito, as eleições para governadores e seus vices (tornadas também indiretas) eram marcadas para 3 de setembro; a do presidente da República e seu vice era confirmada para 3 de outubro; os membros do Legislativo (senadores e deputados federais e estaduais) seriam escolhidos em 15 de novembro.

Ou seja, a eleição presidencial, indireta e a descoberto, se realizaria *antes* da votação para o Congresso. O que significava que um colégio eleitoral com tal responsabilidade seria integrado por parlamentares em final de mandato, preocupados com a própria reeleição e, principalmente, coagidos pela ameaça de aplicação do AI-2.

De sua parte, o governo insistia em apresentar o reforçamento dos seus poderes e a reabertura dos expurgos em termos de uma satisfação aos setores que o haviam acusado de contemporização para com os proscritos: àqueles indignados com o resultado eleitoral na Guanabara e em Minas estaria sendo propiciado o sistema de eleição indireta, a fim de prevenir tais riscos daí por diante.

Ora, era evidente que a manifestação dos quartéis apenas fornecera o pretexto para a decretação de medidas que já vinham sendo cogitadas e, sobretudo, se inseriam na lógica do sistema.

Além disso, os militares da Guanabara ligados a Lacerda certamente não desejavam a eleição indireta. O que pretendiam mesmo na oportunidade – dentro do conhecido estilo lacerdista – era que o novo governador eleito não tomasse posse. Isso, porém, o marechal Castello lhes negava por razões táticas próprias que lhe permitiam ostentar, estabelecido o confronto, um súbito respeito pelas regras do jogo democrático que a recente promulgação do AI-2 bastava para desmentir.

No início de novembro, Carlos Lacerda passava o governo da Guanabara ao seu vice. A resistência do lacerdismo à posse de Negrão de Lima não cessava. Um dos trunfos dos coronéis era o IPM no qual se apuravam alianças "subversivas" firmadas já fazia dez anos, no curso da campanha presidencial de 1955. A continuada convocação de Negrão de Lima visava a persuadi-lo a desistir.

No aspecto militar, tratava-se na verdade de uma questão localizada em algumas unidades do Estado apenas, e o poder central tinha os meios necessários para controlar a situação. De qualquer forma, contudo, seja pela iminência da posse dos governadores contestados, seja pelo descontentamento dos oficiais com os vencimentos defasados, o fato é que se configurava uma atmosfera de irritação que cumpria enfrentar.

A agitação nessa área pudera ser instrumentalizada para promulgar o AI-2 mas agora era inoportuno que continuasse. Diversamente, na nova etapa, havia que debelar a rebeldia e estreitar os vínculos com os novos núcleos de poder regional – o que suplementarmente enfraqueceria mais ainda os governadores derrotados, conforme se pretendia.

É então que o ministro da Justiça Juracy Magalhães inicia o processo de fechamento da Liga Democrática Radical (Lider). Também por voz de comando superior cessa o interrogatório de Negrão de Lima. Castello até já considerava conspiração a tentativa de impedir a posse do governador eleito, ameaçando aplicar aos responsáveis as medidas possibilitadas pelo AI-2. Todavia, ao mesmo tempo que marginalizava o próprio Lacerda, o presidente eximia-se de ser severo para com os lacerdistas. Assim, por exemplo, quando o coronel Boaventura Cavalcanti, chefe do Estado-Maior da Divisão de Paraquedistas, publica uma carta-aberta irônica de conteúdo político, recebe uma punição conciliatoriamente branda; conspirador histórico, ele é praticamente louvado por suas intenções (que apenas estariam sendo concretizadas de forma incorreta) e enaltecido como oficial exemplar.

O confronto prosseguia.

Às vésperas da posse de Negrão de Lima, continuavam sendo colhidos em IPMs referentes a terceiros dados contra ele. À ordem de encerrar o interrogatório respondia-se com o pedido de prisão preventiva do governador eleito mas politicamente incriminado, num esforço para invalidar por via judicial o empossamento.

Numa investida final antiposse, era programada uma manifestação feminina em frente ao Palácio da Guanabara, para retirar do prédio a placa comemorativa da revolução de março.

Porém, não obstante todos os percalços, Negrão de Lima era empossado no dia aprazado, 5 de dezembro.

Diversamente de Lacerda, Magalhães Pinto não tardara a assimilar a derrota. A posse do governador eleito em Minas Gerais foi, portanto, tranqüila, assim como a dos demais governadores.

A imposição de um novo sistema partidário

O AI-2 extinguira os partidos políticos existentes. E o Ato Complementar n. 4, que tratava dos critérios para a nova organização partidária, suprimia no artigo 13 inclusive os nomes, siglas, legendas e símbolos dos partidos extintos, integrantes do edifício político-partidário que ruía.

Implantou-se o bipartidarismo, como o governo pretendia – e apesar de que o oposicionismo, embora consentido e até formalmente exigido, não deixava de representar uma temeridade, dadas as circunstâncias.

Assim, aglutinaram-se na Aliança Renovadora Nacional (Arena) políticos de proveniências diversas, mas de certa forma afinados com o regime implantado em 1964; competia-lhes proporcionar ao governo uma base parlamentar ampla e coesa. A Arena contava com a adesão de cerca de dois terços de senadores e deputados, e o apoio de todos os governadores estaduais.

O esquema previa a formação complementar de um pequeno partido oposicionista. Em dezembro de 1965 era comunicada ao ministro da justiça a criação do Movimento Democrático Brasileiro (MDB) onde se reuniriam figuras vinculadas à situação deposta mas não expurgados (ainda) e também antigos participantes do movimento de 1964 agora em choque com o governo e até mesmo com o regime.

Havia que se assegurar a vitória situacionista nos Estados onde se realizariam eleições para governador em 3 de setembro de 1966; e para garantir que esse objetivo seria alcançado, o AI-3 de 5 de fevereiro desse ano estabelecera a eleição indireta pelas Assembléias Legislativas.

As lideranças civis, mesmo (ou principalmente, em vista dos seus títulos e pretensões) as que haviam participado ativamente do golpe, continuavam severamente vigiadas.

Por isso, uma vez descartado Lacerda, o interesse agora se voltava para São Paulo, dentro do propósito de liquidar os planos de Adhemar de Barros; mas antes desse passo impunha-se subverter todo o quadro político local.

Assim, depois do regozijo janista com a vitória do brigadeiro Faria Lima, eleito para a Prefeitura da capital do Estado em março de 1965, eis em dezembro Jânio Quadros depondo no IPM do ISEB.

Quanto a Adhemar, tivera o seu momento de glória ao ser saudado pelo ministro da Justiça Juracy Magalhães como um baluarte da revolução, o que não deixava de ser verdade; o caso é que era enfim tratado como se o antigo renome que o tornava sempre um indiciável em potencial se houvesse esvaído.

Uma vez, porém, cindida com o recurso a essa tática a frente dos governadores presidenciáveis contra a eleição indireta e a extinção dos partidos, decretadas pelo AI-2, a situação se altera e é negado a Adhemar o comando da Arena no seu próprio Estado.

Em fins de janeiro de 1966, (quando Juracy Magalhães já deixara a pasta da Justiça passando para a do Exterior), ele está rompido com o governo federal, contestando o bipartidarismo onde uma Arena hegemônica o excluía, ao mesmo tempo que percebia a tendência (concretizada em fevereiro com o AI-3) a tornar-se indireta também a eleição para os governos estaduais.

Em março a luta se aguça e o governador faz sucessivos pronunciamentos, com respaldo da opinião e dos círculos empresariais, correndo rumores quanto a uma eventual intervenção militar. Os adhemaristas já temem cassações, às quais se seguiria o processo de *impeachment*.

Por um instante a crise se desvanece. De qualquer forma, porém, Adhemar era discriminado. A Arena paulista devia constituir seus diretórios evitando que neles ingressassem em postos de direção os políticos do PSP (Partido Social Progressista) ligados ao governador.

Em fins de maio já estava firmada a decisão da Arena de indicar o udenista Abreu Sodré candidato ao governo do Estado, como primeiro passo para a subseqüente homologação do seu nome pela Assembléia Legislativa.

Indiferente às agruras de Adhemar, Lacerda se alegrou por se tratar de antigo companheiro seu, operando-se mais uma vez a dissociação de interesses dentro da frente anticastelista dos presidenciáveis. O próprio Abreu Sodré, porém, já se imaginava ele mesmo candidato à sucessão presidencial subseqüente à de 1966 e descartava a aliança incômoda de Lacerda.

O fato é que todas as articulações de Adhemar de Barros para fazer o seu sucessor ao governo estadual, agora já nos termos do AI-3, teriam que ruir, mesmo porque implicariam o apoio do janismo e o encaminhamento pelo MDB.

Dessa forma, em 5 de junho de 1966, o governador de um Estado da importância de São Paulo perdia o mandato e seus direitos políticos, sem maior repercussão. O regime era incompatível com qualquer liderança político-eleitoral civil capaz ou desejosa de se afirmar através da eleição direta, e em conseqüência atenta à opinião pública. Assim, por exemplo, Adhemar não trepidara em se contrapor à política financeira do governo central (alvo do repúdio generalizado) permitindo inclusive ao Tesouro estadual emitir títulos da dívida pública. Era justamente a virtualidade da manifestação desse tipo de conduta discrepante que cumpria erradicar.

A sucessão presidencial em pauta

Neste meio tempo, a sucessão presidencial de Castello Branco já vinha sendo encaminhada.

No início de janeiro de 1966, à véspera da viagem do ministro Costa e Silva ao exterior, a candidatura dele fora anunciada por um deputado não vinculado ao presidente.

Costa e Silva já tinha pretensões nesse sentido desde 1964 quando, na qualidade de representante da tropa, presidia o Comando Supremo da Revolução. E havendo conservado a condição de ministro da Guerra, contava com uma sólida base militar, à qual se acrescia seu diálogo fácil com os extremados, como se revelara em outubro de 1965.

Tratava-se, portanto, de uma candidatura militar viável. Por esse lado era preenchido um requisito básico, pois o real programa do grupo dirigente, malgrado a apregoada tendência "civilista" de Castello Branco, centrava-se de fato no fortalecimento do regime militar. De qualquer forma, dada a força e a importância de um ministro da pasta que ocupava, era difícil substituir essa candidatura pela de alguém mais chegado à Escola Superior de Guerra; nem convinha correr o risco de dividir as Forças Armadas.

Por outro lado, Costa e Silva também era ligado a setores militares que, embora antidemocráticos, repudiavam da mesma forma que amplas áreas da opinião civil, o programa econômico e a política externa do governo. Havia, pois, que diminuir a órbita de influência de tais aliados do provável sucessor, e o castelismo não se descuidou disso. Com efeito, Afonso de Albuquerque Lima, representante desses militares e que contava com expressivo apoio para sua candidatura à presidência do Clube Militar, acrescido da simpatia do ministro da Guerra, não conseguiu seu intento. É que o marechal Castello, indiferente à pequena receptividade alcançada pelo nome do candidato oponente, argumentou com o princípio da unidade das Força Armadas e fez eleger um tertius, o general Moniz de Aragão.

A oposição prescrutava sinais da não-identificação do castelismo com a candidatura Costa e Silva.

Assim, por exemplo, baixado o AI-3 em 5 de fevereiro de 1966, o candidato ficava obrigado pelo art. 3º a desincompatibilizar-se três meses antes do pleito, ou seja, o general Costa e Silva teria que deixar o ministério da Guerra em 3 de julho. Como no AI-2, que tornara indireta a eleição presidencial, não se fizera referência a esse ponto, podia parecer que se criara para o ministro da Guerra uma desnecessária obrigação de desincompatibilizar-se, a fim de despojá-lo de sua valiosa condição funcional – o que estimulava as especulações sobre divergências entre o candidato e o presidente, ainda mais que o AI-3 fora promulgado com o ministro-candidato ausente do País.

No meio militar o ambiente era de efervescência. Integrantes da oficialidade estariam elaborando um manifesto-programa solicitando maior atenção para os problemas sociais, a reabertura do diálogo com estudantes e operários, e ainda a revisão do plano econômico-financeiro e da política externa.

Os adeptos de Costa e Silva punham sob suspeição os ministros Juracy Magalhães e Cordeiro de Farias, e também o SNI e a Casa militar, chefiados respectivamente pelos generais Golbery do Couto e Silva e Ernesto Geisel, atribuindo-lhes a obstaculização da candidatura que eles defendiam.

O presidente reagiu através de um memorando dirigido aos ministros militares e distribuído em circular aos comandos das Forças Armadas em todo o País, contendo um veemente elogio desses membros do seu *staff*, associado a uma acerba crítica dos seus detratores de dentro do Exército.

Nesse documento a desincompatibilização era apresentada como uma providência normal para evitar favorecimentos em troca de apoios. Quanto à legitimidade da candidatura Costa e Silva, não a punha em dúvida desde que ele se dispusesse a submetê-la à discussão e aprovação da Arena e, principalmente, que se comprometesse a manter a política externa e o programa econômico financeiro do governo ao qual sucederia.

Às vésperas de seu retorno ao Brasil, Costa e Silva já se havia transformado em símbolo de contestação ao castelismo, chegando-se a supor que talvez fosse destituído. Ao voltar, porém, compunha-se com Castello e declarava sua solidariedade à política do governo.

Contudo não escondia do presidente seu propósito de abrandar o regime com a colaboração das Forças Armadas. Além disso, declarava-se defensor da estabilidade dos trabalhadores no emprego, que representaria, a seu ver, uma conquista tão intocável quanto a Petrobrás. (Todavia esse direito viria a ser abolido durante o próprio ano de 1966.)

Em seus contatos com as lideranças civis, Costa e Silva reiterava seu compromisso de promover uma abertura política – e de qualquer forma a vigência do AI-2 tinha como prazo a data de sua posse, 15 de março de 1967.

Enquanto esse dia não chegava, o governo mantinha vivo o receio quanto ao risco de se prosseguirem os expurgos.

No início de março de 1966 o presidente da Câmara dos Deputados protestava contra os rumores de que cerca de trinta deputados federais estariam ameaçados de cassação. A seu ver, não havia mais sentido em continuar com essa prática, como em 1964. Procurado por políticos preocupados com essas notícias, Golbery teria se limitado a comentar que a cifra era exagerada.

Por tudo isso, tomava corpo a idéia de que era necessário elaborar uma nova Carta, a fim de normalizar a situação.

Se para pretender a Presidência da República era imprescindível integrar as Forças Armadas, diverso era o enfoque com respeito à sucessão nos Estados, onde se cuidava justamente de evitar que os chefes militares se candidatassem, em vista da tendência divisionista que tal domínio no plano local poderia introduzir.

Não bastava ao governo liquidar as veleidades civilistas no âmbito nacional. Era necessário também enquadrar as veleidades militares nos Estados, onde dóceis Assembléias Legislativas deveriam escolher um governador pré-determinado, a quem caberia articular uma força política a serviço do governo central.

O art. 1° do AI-3 tornara indiretas as eleições para governador e vice, que passavam a ser escolhidos pelas Assembléias Legislativas, em sessão pública e por votação nominal. Dentro do mesmo processo de liquidação do voto popular e pelo mesmo

AI-3, os prefeitos dos municípios das capitais passavam a ser nomeados pelos governadores, mediante assentimento da Assembléia Legislativa ao nome proposto (art. 4º).

As eleições (indiretas) para governador e vice nos Estados em que não haviam sido realizadas em 1965 (quando ainda se achava em vigor o sistema do voto direto) estariam marcadas para 3 de setembro, enquanto para as de deputados estaduais (assim como as de deputados federais e senadores) o cronograma estabelecia a data de 15 de novembro. Em outras palavras, os governadores dos Estados passavam a ser eleitos não mais pelo voto popular mas pelas Assembléias, de qualquer forma manobráveis – ainda mais que seus membros podiam ser cassados a qualquer momento, além de se encontrarem em final de mandato e geralmente com pretensões eleitorais.

Era, pois, sob a pressão dos novos governadores, a serem por essa forma designados em setembro, que se realizariam dois meses depois as eleições legislativas. E seriam também esse governadores, escolhidos por tal sistema, que indicariam futuramente, quando findasse o mandato dos prefeitos eleitos nas capitais, os que lhes sucederiam (sobrepondo-se a um eleitorado com bom nível de politização) e certamente de comum acordo com o presidente da República.

De posse desses instrumentos, o poder central passou a proceder à seleção dos governadores do seu agrado.

Preliminarmente havia que se descartar as candidaturas militares.

Com efeito, nos II, III e IV Exércitos, os generais Amauri Kruel, Justino Alves Bastos e Antonio Carlos Muricy pretendiam candidatar-se ao governo dos Estados de São Paulo, Rio Grande do Sul e Pernambuco respectivamente, mas se viam tolhidos pela exigência do prazo de quatro anos de domicílio eleitoral.

Somada essa frustração a fontes de ressentimentos situadas em outras áreas e decorrentes de outros motivos, configurava-se um clima de efervescência que animava a explicitação de manifestações de rebeldia como a de Adhemar de Barros. No auge da crise, e visto que o governador de São Paulo já se lançava à atividade conspirativa, o presidente Castello, para não lutar em várias frentes, prometia a Kruel que promoveria a revisão do item referente ao domicílio eleitoral, o que levava o general a autorizar seus amigos do MDB a apresentar emenda suprimindo essa exigência. Colhiam-se ainda assinaturas para a proposta e já o próprio Castello desaconselhava a revisão, o que afastava o apoio da Arena à medida e inviabilizava a emenda.

Por sua vez, o general Justino era punido por declarações que se permitia fazer, sendo substituído no comando do III Exército pelo general Orlando Geisel. Em conseqüência a crise se aprofundava e além de suprimir-se a candidatura militar no Rio Grande do Sul, desapareciam também as condições para o general Kruel continuar pleiteando a remoção do obstáculo eleitoral em pauta.

Em Pernambuco era o próprio governador, tão obediente sempre ao poder militar local, que se sentia estimulado pelo marechal Castello a insubordinar-se contra a candidatura militar de Muricy.

A primeira etapa do processo sucessório nos Estados estava cumprida[14].

No concernente à eleição presidencial, o general Costa e Silva ia sendo gradativamente levado a integrar-se ao esquema do presidente Castello Branco. Já aceitava até arcar com o ônus representado pela defesa da impopular política econômico-financeira do governo, bem como de outros itens polêmicos. Em conseqüência, o presidente transmitia à Arena o aceno aguardado e o partido, até então vacilante, dava sua plena adesão ao candidato.

Primeiro a executiva da Arena elaborou uma relação de seis nomes entre os quais seria escolhido, na convenção a ser marcada, o do futuro candidato, evidentemente o general Costa e Silva.

Dessa lista, preparada *pro forma*, constava o nome do marechal Cordeiro de Farias, que em vista das circunstâncias ressentiu-se, declinando da inclusão. O caso é que o veterano conspirador, embora mais afinado com o grupo no poder, contava com menos chances de unir as Forças Armadas. Em represália, teria trocado idéias com Adhemar de Barros; mas em seguida seria conciliatoriamente compensado com a indicação de político a ele ligado para a sucessão em Pernambuco. Também o *affair* Muricy não teria maiores conseqüências.

O governo continuava cumprindo seu cronograma eleitoral.

Em fins de abril era convocada para o mês seguinte a comissão diretora da Arena a fim de confirmar a data da convenção nacional do partido. Nessa oportunidade o general Costa e Silva se tornaria o virtual novo presidente da República, na qualidade

---

14. Depois de se declarar em estado de insubmissão revolucionária, o general Kruel seria transferido em agosto para a reserva, lançando veemente manifesto.

de candidato homologado pelo agrupamento governista, tendo o civil Pedro Aleixo como vice[15].

A opinião continuava reagindo a todo esse quadro. Havia mesmo um certo clima de rebeldia[16].

Não apenas sacerdotes, como por exemplo D. Jorge Marcos, bispo da diocese de Santo André, em São Paulo, ou políticos do partido oposicionista declaravam publicamente o que pensavam. O general Pery Constant Bevilacqua, ministro do Superior Tribunal Militar, severo crítico do programa econômico e das medidas antinacionais, comparava o AI-2 (que condenava, havendo achado desnecessário também o Ato anterior) a um estado de sítio e considerava absurda a eleição indireta em sessão pública e com votação nominal. Refletindo o estado de espírito de amplos setores do meio militar, acrescentava ser

a consciência legalista das Forças Armadas muito forte, apesar da aparência em contrário.

Com ponto de vista análogo, o general Olímpio Mourão Filho, igualmente ministro do mesmo Tribunal, criticava a política econômico-financeira antipopular e antinacional que, dentro de um plano técnico "irracionalista", agora se lançava à extinção da estabilidade dos trabalhadores.

Investido da autoridade de proeminente executor do golpe, observava:

O operariado preza a conquista do pós-30 e vai pensar que a Revolução se fez contra ele.

Manifestava-se ainda pela revogação do AI-2, considerando também espúrio o processo de sucessão do presidente da República, governadores e prefeitos das capitais, com base em legislativos em final de mandato que não haviam recebido poderes do

---

15. Uma vez encaminhado o problema da sucessão presidencial, o governador Adhemar de Barros era cassado no dia 5 de junho de 1966.
16. O realinhamento se generalizava, num contexto em que a crise atingia também o império de Assis Chateaubriand, cujas empresas a invasão de capitais estrangeiros, liderada pelo grupo *Time-Life*, já ameaçava levar à derrocada. V. Jânio de Freitas, "Introdução ao Controle da Opinião Pública", *Revista Civilização Brasileira*, n. 5/6, Rio de Janeiro, 1966. Afora o aspecto econômico, o articulista alertava para as conseqüências deletérias do fenômeno no concernente à consciência nacional.

eleitorado para esse fim e cujos membros, além de tudo, se encontravam sob coação. Por isso sugeria que o presidente eleito pelo voto indireto consultasse a Nação por plebiscito, sendo homologada ou não a escolha feita pelo Congresso[17].

Por sua vez, parlamentares do MDB organizavam lista de presidenciáveis civis, que incluíam nomes como os de Ribeiro da Costa, do Supremo Tribunal Federal, Tristão de Ataíde, Barbosa Lima Sobrinho e Sobral Pinto. O MDB defendia a eleição direta.

No dia 3 de julho de 1966 o general Costa e Silva se desincompatibilizava para o pleito de outubro. Um mês antes já se despedira praticamente das atividades militares, e de maneira bastante expressiva – assistindo a uma manobra de guerrilhas e contraguerrilhas em Sobradinho.

Achava-se todo voltado para o preparo do programa de viagens a iniciar tão logo deixasse o ministério. E desde então já se interessava em participar de atividades destinadas a popularizá-lo, integrando, por exemplo, a mesa de trabalhos de um Congresso de prefeitos.

Uma vez desincompatibilizado, passava a realizar um simulacro de campanha eleitoral, imaginado como sucedâneo da efetiva discussão política com o povo. Os comícios estavam descartados, mas o candidato falava pelo rádio e pela televisão, e multiplicava contatos com jornalistas, políticos e representantes de entidades diversas. O caso é que mesmo em tal situação ambígua e controlada, a exposição à opinião fazia sentir seus efeitos. E, assim, malgrado o enquadramento ao qual se submetera, o general Costa e Silva declarava em entrevista que pretendia alterar a política econômico-financeira, tornando-a mais "gradativa e humana".

As eleições de 1966

Ainda no mês de julho os lacerdistas da Guanabara ingressavam no MDB, enfraquecendo a situação da Arena nesse Estado para a eleição parlamentar de 15 de novembro.

---

17. Todas essas opiniões se encontram expendidas nas respostas dadas a um questionário proposto pela *Revista Civilização Brasileira* a várias personalidades, sendo que o general Mourão, além da resposta ao questionário, também concedeu entrevista à imprensa no mesmo sentido, igualmente transcrita no referido periódico. V. *Revista Civilização Brasileira*, n. 7, Rio de Janeiro, 1966.

No momento, porém, o governo central orientava sua vigilância para o pleito de 3 de setembro nos Estados que não haviam tido eleição em 1965, pois pretendia mantê-los sob seu estrito comando.

Havia alguns casos críticos a serem resolvidos.

No Estado do Rio de Janeiro o governador não se conformava com a indicação do seu sucessor determinada pelo presidente e estava disposto a unir-se à oposição para impedir tal vitória no colégio eleitoral (Assembléia Legislativa) ou até mesmo a transferir-se com um grupo de deputados estaduais arenistas para o MDB. A fim de evitar essa rebeldia é substituído o nome rejeitado – mesmo porque a imposição, dadas as circunstâncias, não lograria êxito.

Já no Rio Grande do Sul a questão era mais séria. Na Assembléia Legislativa a Arena contava com 28 deputados para 27 do MDB, estes últimos provindos basicamente do antigo PTB. Não bastasse tal equilíbrio, a Arena estava cindida, sendo que uma das alas preferia ao candidato da outra o nome de Cirne Lima, apresentado pela oposição. O governo temia que mesmo que a convenção se definisse pelo candidato arenista (Peracchi Barcelos) rejeitado pelos dissidentes, pelo menos alguns dos desgostosos se uniriam ao MDB, dando maioria ao candidato oposicionista.

À vista desse quadro foi acionada a ameaça de cassações, o que precipitou o pedido de demissão do próprio ministro da Justiça Mem de Sá, gaúcho, que não via por que contrapor-se a uma candidatura consensual no Estado, como a de Cirne Lima.

Mas o governo queria a todo custo a vitória da Arena e principalmente a formação de uma força política própria, de sua criação. Havia que contrabalançar, com os instrumentos ao seu dispor, o número de votos dos arenistas (apesar de já tornado pequeno à vista da intimidação) que insistiriam em apoiar o candidato emedebista. Calculado esse número, foram feitas as correspondentes cassações de alguns deputados estaduais do MDB, de modo a garantir a vitória do situacionismo, embora com o recurso ao arbítrio e debaixo de protestos gerais.

Apesar do especial interesse no concernente à escolha para os governos estaduais, a eleição para senadores e deputados não era descuidada. Ainda no início de maio se falava em cassações para evitar que os políticos incriminados pelo SNI e as guarnições militares renovassem seus mandatos ou polarizassem o eleitorado no pleito de 15 de novembro. E também se passava a cultivar o rumor quanto à impugnação em massa de registros de candidatos; mesmo que a impugnação não se concretizasse, aqueles cujos nomes fossem mencionados teriam sido prejudicados, uma vez que seus eleitores, desorientados, talvez se encaminhassem para outras opções.

De qualquer forma, com todas as limitações, a campanha em curso – a experiência da eleição direta, em suma – contribuía para reforçar as aspirações civilistas.

E como estas floresciam, a partir de vertentes múltiplas, mas a ditadura militar se aprofundava, Carlos Lacerda, sempre potencialmente candidato à Presidência da República, passava a buscar o diálogo transcendendo o setor civil e militar abrangido pelo lacerdismo histórico.

Iniciava, portanto, uma nova fase política, agora de ativismo realmente democrático.

O inimigo visado era fundamentalmente a ditadura militar que se enraizava no poder. E esse confronto fazia com que se obscurecessem as velhas diferenças com os agrupamentos liderados por Juscelino e João Goulart, aos quais propunha aliança numa frente ampla de oposição, visto estar em pauta uma preliminar do interesse de todos. Tal articulação requeria, é claro, a transposição de muitos obstáculos, decorrentes seja da surpresa dos adeptos do ex-governador da Guanabara, seja da resistência dos antigos adversários, marcados dolorosamente por uma conduta política tão persistente que determinara a forma de cristalização da imagem dele.

Por outro lado, pelo fato de dispor de uma base militar, Lacerda se permitia convidar o futuro presidente a romper com o castelismo, recompondo a frente de março de 1964, tão cindida, como passo para a transição pacífica em direção a uma democracia restaurada. Além disso, e tendo em vista esse último objetivo, sugeria com a insuspeição de quem fora um dos chefes civis do movimento de 1964 a abertura de entendimentos de pacificação nacional com as lideranças depostas, as quais por sua vez dariam sua contribuição despida de "revanchismo".

Em resposta, o novo ministro da Justiça Carlos Medeiros Silva advertia os articuladores da Frente. Estes, contudo, continuaram a redigir um esboço de manifesto.

Quanto ao próprio general Costa e Silva, ainda em plena campanha "eleitoral", manifestava-se – indiferente à impopularidade de tais enunciados – contrário à revogação dos artigos 14 e 15 do AI-2, que permitiam os expurgos; além disso se declarava desfavorável à anistia e à revisão das cassações, comentando inclusive que não gostaria de se ver forçado a recorrer às medidas de exceção, o que significava que o faria caso isso lhe parecesse necessário.

Tais pronunciamentos tinham por certo o intuito de atender a pressões; e o oposicionismo preferia ter presente que a vigência dos atos institucionais findaria na data da posse do novo presidente, 15 de março de 1967.

Também no plano político-partidário, apesar do compreensível desânimo que levava a freqüentes propostas de autodissolução, o oposicionismo buscava uma forma de atuação, dentro das limitações impostas. Assim, durante a sessão de 3 de outubro de 1966 quando Costa e Silva foi confirmado pelo Congresso na condição de presidente da República, o MDB não perdeu a oportunidade de sustentar a ilegitimidade do pleito que se processava.

Às vésperas da eleição de Costa e Silva corria a notícia da existência de uma lista de cassações de parlamentares, a serem praticadas possivelmente depois de 15 de novembro. Tratava-se de evitar que determinadas figuras continuassem na política; aguardar-se-ia o resultado das urnas e os integrantes desse grupo que tivessem sido derrotados seriam poupados do expurgo, tornado "desnecessário" no caso deles.

Havia também rumores de que, em vista da agitação estudantil e da articulação da Frente Ampla, o governo pretendia reforçar a lei de imprensa e a de segurança nacional.

E então, menos de dez dias depois de eleito o novo presidente (mas ainda não diplomado e a alguns meses da posse) eram sumariamente despojados dos seus mandatos seis deputados federais da oposição, segundo as normas do art. 15 do AI-2, ou seja, sem as limitações previstas na Constituição de 1946 que exigia fosse solicitada licença à respectiva Casa Legislativa para a formação de culpa. Não se esperara o resultado das urnas.

O presidente da Câmara dos Deputados, antigo udenista e pertencente ao partido do governo, recusou-se a acatar o decreto do Executivo, remetendo o caso à Comissão de Constituição e Justiça. Em represália, Doutel de Andrade, do extinto PTB, um dos seis parlamentares atingidos, era preso por agentes do DOPS. Os outros cinco deputados continuavam participando dos trabalhos da Câmara, uma vez que o ato do Executivo fora impugnado pelo presidente da Casa, com a solidariedade do presidente do Senado. A luta pela revogação dos artigos 14 e 15 do AI-2 e em defesa da instituição parlamentar se intensificava.

Aberto o dissídio entre o poder militar e o civil representado no Congresso, o governo baixava no dia 20 de outubro o Ato Complementar n. 23 pelo qual era decretado, nos termos do art.

31 do AI-2, o recesso parlamentar até o dia 22 de novembro de 1966. Simultaneamente era promovida uma operação bélica, com tropas chefiadas pelo coronel Meira Matos (que já atuara em Goiás) ocupando o Congresso.
A intimidação prosseguia.

A Procuradoria da Justiça Militar recebia um inquérito já antigo de mais de dois anos, com uma lista de quase mil indiciados – figuras públicas do meio político, universitário, jornalístico, religioso, militar, artístico etc. No dia 10 de novembro, eram suspensos os direitos políticos do jornalista Helio Fernandes, da *Tribuna de Imprensa*, e de mais quase duas dezenas de candidatos já registrados pela Justiça Eleitoral em vários Estados[18].

Realizadas as eleições parlamentares em 15 de novembro e findo o recesso decretado, reabriam-se as sessões no dia 23.

O ex-governador Magalhães Pinto, que se candidatara à Câmara dos Deputados por Minas Gerais, obtivera expressivo triunfo.

Em 1965, quando da eleição direta para governador em seu Estado, dada a impopularidade do regime e havendo sido ele um dos chefes civis do movimento de 1964, temera a derrota do seu candidato, que efetivamente se concretizou.

Com o realinhamento das forças locais operado a partir da eleição do novo governador (Israel Pinheiro, provindo do pessedismo) transformado em coordenador estadual da recém-criada Arena, Magalhães Pinto e outros udenistas se tornavam representantes da oposição ao castelismo. Nessas condições, as críticas à política econômico-financeira, à política externa e à de minérios, à desnacionalização das empresas e à desvalorização dos salários, embora ele as tivesse feito ainda no tempo em que solicitava a prorrogação do seu mandato de governador, agora, em decorrência de sua postura oposicionista, lhe rendiam dividendos políticos.

Acresce que também o progressivo cerceamento das liberdades democráticas e de opinião que vinha sendo praticado pelo presidente Castello foi severamente recriminado por Magalhães Pinto durante a campanha eleitoral, quando inclusive elogiou as manifestações dos estudantes que protestavam nas ruas. E como o ex-governador aderira à candidatura Costa e Silva desde o início

18. Cf. Osny Duarte Pereira, *A Constituição do Brasil (1967), op. cit.*, pp. 328-332.

e estava cotado para participar do futuro ministério (efetivamente vindo a tornar-se ministro das Relações Exteriores) sua campanha, além de angariar-lhe generalizada simpatia, contribuía para despertar expectativas otimistas com respeito à própria gestão presidencial a iniciar-se em 15 de março de 1967.

Carlos Lacerda não se candidatara mas tivera eleitos na Guanabara os candidatos de qualquer forma vinculados a ele, tanto os do MDB como os da Arena.

E também, no contexto de vibração política propiciada apesar de tudo pelo processo eleitoral, a proposta da Frente Ampla encontrara a maior receptividade.

Mas principalmente fora selada em novembro de 1966 uma aliança com o ex-presidente Juscelino, o chamado pacto de Lisboa.

Para o vice-presidente eleito, Pedro Aleixo, tratava-se de uma "aliança destrutiva". Para que pertubar o processo de normalização em curso? Uma vez empossados os eleitos – prometia – o futuro governo se dedicaria a isso; e até, quem sabe, dentro de algum tempo se pudesse cogitar de temas ainda *impossíveis* como a anistia.

Ficou ostensivo o oposicionismo dos grandes núcleos urbanos, com a significativa votação obtida pelos que defendiam teses contrárias às do governo e também o protesto consubstanciado nos votos nulos e brancos. Mas a vitória da Arena na eleição de 15 de novembro foi assegurada, como não podia deixar de ser. Agora, sempre de posse do controle da máquina, o governo se preparava para o próximo lance quando, através da reforma constitucional, tentaria "legitimar" o reforçamento do regime.

A rebelião do Legislativo fora castigada e o governo não apenas demonstrara disposição para subjugá-la, como ainda deixara claro que o AI-2 continuava em plena vigência; esperava, portanto, que os parlamentares – em final de mandato, é certo, mas em boa parte reeleitos – se sentissem devidamente coagidos.

Estabelecidas essas premissas, passava-se a simular benevolência. Pretendendo convocar o Congresso já disciplinado para votar o projeto coordenado pelo ministro da Justiça Carlos Medeiros Silva, o presidente, tendo em vista desarmar os espíritos, tornava público o seu propósito de não mais expurgar congressistas. Estava implícito que, em troca, alcançaria seu intento sem maiores problemas.

Constava que havia tópicos, já presentes no AI-2, dos quais o governo não se dispunha a abrir mão em hipótese alguma. Estariam nesse caso: a eleição indireta do presidente da República, o foro militar para civis, a supressão do foro especial para governadores, a iniciativa presidencial exclusiva em projetos sobre determinadas matérias, a atribuição do presidente da República para expedir decretos-leis, o direito de intervenção no Estado cujo governo adotasse medidas contrárias à política econômico-financeira da União. Também não se ignorava que todo o arcabouço do documento estava centrado na disciplina da vida jurídico-política do país pelo critério da chamada segurança nacional.

A elaboração da Carta de 1967

No dia 7 de dezembro de 1966 era baixado o Ato Institucional n. 4, em cujo preâmbulo se alegava que

ao atual Congresso Nacional, que fez a legislação ordinária da Revolução, deve caber também a elaboração da lei constitucional do movimento de 31 de março de 1964.

Com esse objetivo, o Congresso Constituinte era convocado a reunir-se extraordinariamente de 12 de dezembro de 1966 a 24 de janeiro de 1967: dentro desse exíguo prazo devia proceder à discussão, votação e promulgação do projeto de Constituição apresentado pelo Executivo.

Além disso, concomitantemente, se deliberaria também sobre matéria de legislação ordinária.

Como a nova Constituição a ser promulgada no dia 24 de janeiro pelas mesas da Câmara dos Deputados e do Senado Federal só entraria em vigor no dia 15 de março de 1967, o AI-4 esclarecia que até essa última data o presidente da República podia baixar decretos-leis sobre matéria de segurança nacional, bem como atos complementares, na forma do disposto no AI-2, sendo que durante o período de convocação extraordinária poderia também expedir decretos-leis sobre matéria financeira.

O AI-4 ainda estabelecia que primeiro se aprovaria o projeto em bloco e depois se discutiriam as emendas.

Uma vez que em 21 de janeiro já devia estar concluída a votação, os dias 18 e 19 de janeiro acabaram reservados para as inúmeras emendas, cuja simples leitura material tornou-se impossível realizar de forma cuidadosa.

Ninguém se conformava com o fato de ser encaminhada a toque de caixa uma questão de tal magnitude, sob a direção de um governo em final de mandato e votada por um Congresso Constituinte composto de parlamentares ameaçados pelo AI-2.

Por que não elaborar a nova Constituição com o novo presidente e o novo Congresso?

Na verdade, o governo não pretendia a elaboração de uma Carta Constitucional, mas simplesmente a consolidação revista e ampliada ou até alterada apenas *pro forma* de dispositivos já constantes dos atos institucionais e outras emendas à Carta de 1946, de maneira a se obter um documento legitimado com o rótulo de *Constituição* e a chancela do Congresso.

Por isso as heresias jurídicas se manifestavam a cada ponto do texto, provocando protestos generalizados dos quais participavam – e até em destaque – parlamentares pertencentes ao movimento de 1964.

A eleição indireta para presidente, a hipertrofia do Executivo, a aprovação dos projetos por decurso de prazo, a Justiça Federal para acautelar os interesses das corporações, a competência exclusiva do presidente quanto à iniciativa de leis sobre matéria financeira, tudo estava lá.

Pelo art. 10, inciso V, alínea *c*, a União podia intervir nos Estados que adotassem medidas econômicas ou financeiras contrárias às diretrizes (monetaristas) por ela estabelecidas.

O art. 58 permitia ao presidente da República expedir decretos-leis sobre segurança nacional e finanças públicas, bastando que não redundassem em aumento de despesa. O Congresso não podia emendar o projeto, devendo apenas aprová-lo ou rejeitá-lo em 60 dias, sendo considerado aprovado no caso de não se tornar objeto de deliberação. De qualquer forma, publicado o decreto-lei, sua vigência era imediata.

O capítulo referente à "Ordem Econômica e Social" era francamente privatista, como o demonstra a redação do artigo 163:

> Às empresas privadas compete *preferencialmente*, com o *estímulo e apoio do Estado*, organizar e explorar as atividades econômicas.
>
> § 1º *Somente para suplementar a iniciativa privada*, o Estado organizará e explorará diretamente a atividade econômica.

O § 8º do art. 157 caracterizava uma destas situações:

> São facultados a intervenção no domínio econômico e o monopólio de determinada indústria ou atividade, mediante lei da União, *quando indispensável por motivos de segurança nacional*, ou para organizar setor que não possa ser desenvolvimento com eficiência no regime de competição e de liberdade de iniciativa, assegurados os direitos e garantias individuais.

Os congressistas apenas conseguiram acrescentar (pois a matéria não fora considerada no projeto oficial) o tímido enunciado que se transformaria no art. 162:

> A pesquisa e a lavra de petróleo em território nacional constituem monopólio da União, nos termos da lei.

No concernente ao trabalho, pelo inciso X do art. 158 a idade mínima para a admissão, que antes era de 14 anos, baixava para 12. O art. 101 alterava o tempo de serviço necessário para a aposentadoria dos funcionários homens, que era de 30 anos, elevando-o para 35. O § 7º do art. 157 proibia a greve nos serviços públicos e atividades essenciais definidas em lei.

Quanto à composição do Conselho de Segurança Nacional, acabou permanecendo tal como no projeto, com o art. 90 estabelecendo a participação do presidente, seu vice e os ministros, embora ressalvando poderem ser admitidos outros membros natos ou eventuais. A inclusão dos chefes de Estado-Maior, obrigatória pela Constituição de 1946, passava portanto a opcional, apesar das observações dos parlamentares – quem sabe por causa da discordância que essas autoridades militares vinham manifestando durante a discussão do contencioso com as corporações, opondo-se aos ministros da área econômica.

A tarefa que incumbia aos congressistas era na verdade impossível. Como transformar em constituição um projeto onde se liam enunciados como o que segue, e que afinal se transformou no art. 89 da Carta?

> Toda pessoa natural ou jurídica é responsável pela segurança nacional nos limites definidos em lei.

No concernente aos direitos e garantias individuais, o art. 150, nos termos do projeto, enumerava um rol pertinente; mas não era auto-aplicável, devendo aguardar lei regulamentadora, falha essa que os congressistas sanaram.

Contudo logo em seguida, o art. 151 ameaçava os que cometessem "excessos" no âmbito da manifestação de pensamento e do direito de reunião e associação, com as rigorosas sanções características dos atos institucionais:

> Aquele que abusar dos direitos individuais previstos nos parágrafos 8º, 23, 27 e 28 do artigo anterior e dos direitos políticos, para atentar contra a ordem democrática ou praticar a corrupção, incorrerá na suspensão destes últimos direitos pelo prazo de dois a dez anos, declarada

pelo Supremo Tribunal Federal, mediante representação do procurador-geral da República, sem prejuízo da ação civil ou penal cabível, *assegurada ao paciente a mais ampla defesa*.

Essa última ressalva acauteladora não constava do projeto e foi acrescentada pelos parlamentares que, além disso, se preocuparam em resguardar a imunidade parlamentar que vinha sendo violada com a cassação discricionária de mandatos. E como o § 3º do art. 34 exigia que no caso de deputados e senadores a Casa respectiva opinasse sobre a formação da culpa, autorizando-a ou não, acrescentaram ao artigo 151 um adendo:

> § único. Quando se tratar de titular de mandato eletivo federal, o processo dependerá de licença da respectiva Câmara, nos termos do art. 34, § 3º.

Quanto à inclusão de civis no âmbito da Justiça Militar, mesmo em tempo de paz, era reiterada.

Assim o artigo 122 estabelecia no seu § 1º:

> Esse foro especial [Justiça Militar] poderá estender-se aos civis nos casos expressos em lei para repressão de crimes contra a segurança nacional ou as instituições, *com recurso ordinário para o Supremo Tribunal Federal*.

Apenas a possibilidade do recurso não constava do AI-2. De qualquer maneira, o fato de a Justiça Militar portar-se corretamente não eliminava a distorção jurídica representada pela ampliação da sua alçada.

Também a situação dos governadores de Estado e seus secretários, que com o AI-2 haviam perdido seu antigo foro (Supremo Tribunal Federal e Justiça Estadual) continuava inalterada. O § 2º do art. 122 determinava:

> Compete originariamente ao Superior Tribunal Militar processar e julgar os governadores de Estado e seus secretários, nos crimes referidos no § 1º.

Às vezes, quase por casualidade, eram percebidas pelos constituintes omissões suspeitas.

Assim, no projeto oficial constava entre as atribuições de competência privativa do presidente a de permitir a forças estrangeiras o trânsito pelo território nacional, bem como sua permanência temporária nele. Na Constituição de 1946 essa hipótese só era cogitada para o caso de guerra. Por que motivo teria sido abolida a restrição? Seria decorrência do propósito de abrir caminho para a instalação de um contingente da Força Interamericana de Paz se ela viesse a estruturar-se?

Por via das dúvidas, o Congresso deu ao inciso XI do art. 83 uma redação limitadora da competência do presidente, admitindo apenas

nos casos previstos em lei complementar, que forças estrangeiras transitem pelo território nacional ou nele permaneçam temporariamente.

Pelo inciso II do artigo 47 cabia ao Congresso conceder ao presidente autorização para o exercício dessa competência.

Da mesma forma, o Congresso também estreitava a vigilância com respeito à assinatura de tratados.

No projeto oficial eles eram considerados aprovados caso não fossem rejeitados dentro de 120 dias. Já no texto definitivo, o § único do art. 47 determinava:

O Poder Executivo enviará ao Congresso Nacional até *quinze dias após sua assinatura*, os tratados celebrados pelo presidente da República.

Mas a competência para a decretação do estado de sítio, que pela Carta de 1946 era do Congresso, ao qual o presidente da República deveria solicitar a medida, e que pelo AI-2 passara para o Executivo, na nova Carta repetia esta última forma.

O art. 13 do AI-2 estabelecia:

O presidente da República poderá decretar o estado de sítio ou prorrogá-lo pelo estado máximo de cento e oitenta dias, *para prevenir ou reprimir a subversão da ordem interna.*

No art. 152 da nova Carta lia-se:

O presidente da República poderá decretar o estado de sítio nos casos de:
I. grave perturbação da ordem ou ameaça de sua irrupção;
II. guerra.

Havia, porém, algumas diferenças, consignadas no art.153:

A duração do estado de sítio, salvo em caso de guerra, não será superior a sessenta dias, podendo ser prorrogada por igual prazo.

§ 1º Em qualquer caso o presidente da República submeterá o seu ato ao Congresso Nacional, acompanhado de justificação, dentro de cinco dias.

A anistia era dificultada.

Pela Constituição de 1946 a concessão da anistia era da competência exclusiva do Congresso Nacional. Também o artigo 46 da nova Carta incluía entre as atribuições do Poder Legislativo a de dispor, mediante lei, sobre todas as matérias de competência da União, sendo a concessão da anistia expressamente mencionada no inciso VIII. Havia, porém, uma diferença: o art. 46 exigia *a sanção do presidente da República*, o que implicava possibilidades de veto.

Mas como cogitar de anistia diante do enunciado do artigo 173, nas Disposições Gerais e Transitórias?

Ficam aprovados e excluídos de apreciação judicial os atos praticados pelo Comando Supremo da Revolução de 31 de março de 1964, assim como:

I. pelo Governo Federal, com base nos Atos Institucionais n. 1 de 9 de abril de 1964, n. 2 de 27 de outubro de 1965 [...] e nos Atos Completares dos mesmos Atos Institucionais.

Ou seja, não apenas eram reafirmadas as punições já aplicadas, como recebiam aprovação antecipada aquelas que o governo eventualmente se decidisse a praticar até o dia 15 de março de 1967, pois só então expiraria a vigência do AI-2[19].

A marginalização de pelo menos parte do udenismo mineiro e a imposição do domínio do grupo governista a uma Arena dividida no Rio Grande do Sul estimulavam a posição crítica dos parlamentares vinculados a esses setores descontentes. Insatisfeitos com o governo e cobertos pela insuspeição decorrente do fato de haverem participado do movimento de 1964, não viam esses congressistas por que suportar esses absurdos jurídicos e os rebatiam com fundamentadas análises.

Também do MDB partiam, evidentemente, reações indignadas, sendo que os remanescentes da Frente Parlamentar Nacionalista identificavam na elaboração contitucional em curso o objetivo de preparar um estatuto de país neocolonial submetido

---

19. V. Osny Duarte Pereira, *A Constituição do Brasil (1967)*, op. cit., para tudo o que se refere à elaboração dessa Carta e à análise de cada um dos seus artigos.

às pressões do Pentágono e dos grupos econômicos norte-americanos.

Na fase final, uma vez feitos com a colaboração dos dois partidos os retoques em alguns dos pontos mais acintosos do projeto recebido, o MDB passou a se dissociar abertamente da elaboração do documento, desistindo de continuar participando de quaisquer acordos.

O clima era de atropelo e se chegava ao dia 19 de janeiro faltando ainda remeter ao plenário centenas de emendas – logicamente para votação simbólica.

Os prazos foram cumpridos, mas já no dia 20 assistia-se a uma expressiva manifestação de protesto, provinda da própria Arena: 107 deputados desse partido subscreviam uma declaração de voto, lida da tribuna por um representante de São Paulo, contrária à faculdade concedida ao presidente da República para expedir decretos-leis bem como determinar o estado de sítio sem audiência *prévia* do Congresso; segundo os signatários, essas medidas não teriam sido devidamente apreciadas em vista do tempo exíguo durante o qual a votação se realizara. Portanto, antes mesmo de promulgada a nova Carta, iniciava-se o movimento pela sua revisão.

Quanto ao MDB, recusava-se a designar orador para a solenidade oficial, enquanto a liderança governista insistia em afirmar que o texto era obra de todos.

De qualquer forma a Constituição foi aprovada por 223 votos contra 110 na Câmara dos Deputados e 37 votos contra 17 e 7 abstençoes no Senado Federal, sendo promulgada no dia 24 de janeiro pelas mesas das duas Casas do Congresso. Contudo só entraria em vigor no dia 15 de março de 1967, conforme o estabelecido no art. 189 das suas Disposições Gerais e Transitórias.

Simultaneamente, o Executivo também encaminhara ao Congresso, para ser votada na mesma sessão extraordinária, o inquietante projeto de lei de imprensa. A liberdade de informação era golpeada.

A esse sufocamento geral, porém, correspondia a instalação de uma certa atmosfera de rebeldia.

Últimas medidas do governo Castello Branco

Em fevereiro, ao iniciar-se a nova legislatura, já se percebia que a Frente Ampla tendia a crescer; e a idéia de uma aproximação dos proscritos deixava de ser tabu até para alguns coronéis lacerdistas.

De uma maneira geral as expectivas nos círculos políticos eram otimistas, mesmo porque o AI-2, cuja vigência terminaria em 15 de março, não tivera várias passagens mais draconianas transcritas na nova Carta.

Também se esperavam algumas mudanças na política econômica e principalmente na política externa. Não era provável que se reformulasse a doutrina do alinhamento para a luta contra a "subversão", doutrina essa da qual decorriam inclusive o treinamento da tropa para resistir a eventuais ações de guerrilha e à chamada guerra revolucionária. Todavia, diversamente do que ocorrera durante as gestões de Vasco Leitão da Cunha e Juracy Magalhães, o futuro chanceler Magalhães Pinto certamente adotaria uma postura menos submissa na defesa dos interesses do país. E não deixava de ser animador o fato de o presidente eleito Costa e Silva pronunciar-se contrariamente à implementação da Força Interamericana de Paz.

Do exterior chegavam notícias de que exilados se preparavam para retornar.

Comentava-se também que o novo governo ia pôr em prática uma Operação Impacto, adotando um conjunto de medidas tendentes a atenuar a pressão que se exercia sobre trabalhadores e estudantes.

De repente, a presença do governo Castello se fez sentir outra vez.

No início de março, já no fim de sua gestão, portanto, o presidente ameaçava o governador de Mato Grosso, filiado à Arena. Aos parlamentares, preocupados, informava-se que não constavam nomes de congressistas nas listas de cassações, o que não deixava de ser verdade.

Algo, porém, estava para acontecer.

E então, praticamente ao encerrar o mandato, o presidente Castello Branco tornava a utilizar-se da prerrogativa que se autoconferira pelo art. 30 do AI-2 e que lhe permitia baixar, independente de quaisquer condicionamentos ou apreciação parlamentar, decretos-leis sobre matéria de segurança nacional. Diversamente, o art. 58 da nova Carta possibilitava ao Congresso deliberar dentro de 60 dias, inclusive optando pela rejeição.

E assim, com o recurso do AI-2, foi promulgado o decreto-lei n. 314 de 13 de março de 1967, onde se estabeleciam drásticas penas para os cidadãos acusados de crimes contra a segurança nacional, uma vez recebida a denúncia e antes mesmo de julgados (pela Justiça Militar).

O artigo 3º vazado, como os demais, na habitual linguagem peculiar, informava tautologicamente:

> A segurança nacional compreende, essencialmente, medidas destinadas à preservação da segurança externa e interna, inclusive a prevenção e repressão da guerra psicológica adversa e da guerra revolucionária ou subversiva.

O § 3º do mesmo artigo definia a guerra revolucionária:

> A guerra revolucionária é o conflito interno, geralmente inspirado em uma ideologia ou auxiliado do exterior, que visa à conquista subversiva do poder pelo controle progressivo da Nação.

Promulgando a Lei de Segurança Nacional à véspera de retirar-se, o governo se poupava de ter que enfrentar os previsíveis protestos.

Mas houve um problema, este realmente envolvendo a segurança nacional, em que teve que se retratar.

O decreto n. 55.282 de 22 de dezembro de 1964 concedera uma série de privilégios à Hanna (que depois se associaria à Bethlehem) cuja concessão no Vale do Paraopeba era, além do mais, ilegítima. Essa política de minérios foi generalizadamente contestada, recebendo a condenação da Comissão Parlamentar de Inquérito que finalizou seus trabalhos em 30 de outubro de 1965.

O espírito privatista da Constituição aprovada em 24 de janeiro de 1967 era de molde a favorecer tais interesses. E assim, já em 28 de fevereiro, era baixado pelo decreto-lei n. 227 o Código de Mineração, que alterava o antigo Código de Minas posto em vigor pelo decreto-lei n. 1.985 de 29 de janeiro de 1940.

O artigo n. 59 do novo Código provocou especial repulsa:

> A lavra da jazida *somente* poderá ser organizada e conduzida por sociedade de economia mista controlada por pessoa jurídica de direito público *para suplementar a iniciativa privada*.

Ou seja, a Cia. Vale do Rio Doce era proibida de explorar o minério, a não ser que se privatizasse; outras eram impedidas de se ampliar; a atividade direta do Estado, enfim, era obstaculizada.

Pressionado patrioticamente por grupos militares, o presidente Castello, no último dia do seu mandato, 14 de março de

1967, expedia o decreto-lei n. 318, em cujo preâmbulo declarava que se decidira a promover alterações

considerando a representação que lhe fez o Conselho de Segurança Nacional sobre as implicações que poderão advir, para os altos interesses do país e a própria Segurança Nacional, da manutenção de dispositivos do Código de Minas, com a redação que lhes foi dada pelo decreto-lei n. 227 de 28 de fevereiro de 1967; e

considerando, ainda à vista da mencionada representação, que de fato dispositivos do referido decreto-lei n. 227 necessitam ser escoimados de imperfeições prejudiciais aos superiores interesses da Nação.

Em conseqüência, alguns pontos foram retocados e principalmente se revogou o acintoso artigo 59.

O governo reconhecia que havia errado. Mas era evidente que essas poucas correções não bastavam para sanar o caráter lesivo do Código: a opinião nacionalista considerava necessário reformulá-lo inteiro[20].

O governo Costa e Silva. Primeiros confrontos. A Frente Ampla

O repúdio generalizado ao texto da Constituição de 1967 e à nova lei de segurança nacional levava a supor que uma vez empossado o presidente eleito e abolido o condicionamento representado pela vigência do AI-2 a ditadura se enfraqueceria.

Já no dia 17 de março o MDB propunha a revogação da lei de segurança nacional.

Por sua vez, a Frente Ampla se preparava para divulgar um manifesto apresentando seu programa mínimo. Estavam em pauta além da elaboração de uma Constituição democrática que restabelecesse a harmonia e independência dos poderes, a pluralidade partidária, o direito de greve e também, naturalmente em destaque, a eleição direta para presidente da República.

A reivindicação civilista ganhava corpo e o almirante Saldanha da Gama retomava com vigor sua crítica à militarização do País.

Contudo, durante a gestão de Castello Branco se instituíra e fortalecera um dispositivo militar e repressivo vigilante que fazia

---

20. Osny Duarte Pereira, *Ferro e Independência*, op. cit. O autor observa que o general Costa e Silva, novo presidente e ex-ministro da Guerra, fora o único ministro a não apor a sua assinatura ao dec. 55.282 de 22 de dezembro de 1964, que tanto favorecera à Hanna.

com que a necessidade de preservação da unidade das Forças Armadas se medisse pelo parâmetro do ponto de vista do setor extremado, que contava com o submisso apoio do novo ministro da Justiça, Gama e Silva.

Logo que o novo governo assumiu, o jornalista Hélio Fernandes, que perdera os seus direitos políticos em 10 de novembro de 1966, assinou seu artigo na *Tribuna de Imprensa*.

Caso o AI-2 de 27 de outubro de 1965 estivesse ainda em vigor não poderia fazê-lo. Com efeito, pelo inciso III do artigo 16 desse ato, a suspensão de direitos políticos acarretava "a proibição de atividade ou manifestação sobre assunto de natureza política", sendo que o inciso IV aventava a possibilidade da aplicação de "medidas de segurança", entre as quais o confinamento.

Como tais passagens do AI-2 não haviam sido incorporadas ao texto da Carta de 1967, ocorria que o jornalista não cometera infração ao assinar seu artigo político – o que fizera exatamente para demonstrar que a vigência do AI-2 havia expirado.

Todavia, como o regime não podia admitir que alguém punido com a perda de direitos se manifestasse pela imprensa de forma a aborrecer os influentes setores que o haviam castigado, o ministro da Justiça decidiu considerar que continuavam em vigor os atos que não conflitassem com a Constituição. Ou seja, no seu entender, embora da Carta de 1967 não constassem as referidas disposições do AI-2, elas não deixavam de ser coerentes com o espírito dela.

Contemporizador, o presidente ainda relutou em privar o jornalista do direito de exercer sua profissão, mas acabou acatando o parecer do ministro da Justiça contestando-lhe o direito de escrever sobre matéria política.

Em meados de abril ocorria um incidente na Universidade de Brasília.

O reitor, apesar de alertado, promovera uma solenidade com a presença do embaixador norte-americano, o que provocou reações estudantis perfeitamente previsíveis. Depois de terminada a demonstração de protesto e até a própria sessão, a polícia praticou violenta agressão contra os estudantes, além disso efetuando prisões e triagem para fins de eventual enquadramento político-policial.

O presidente Costa e Silva indignou-se com os excessos da repressão; contudo optou por não repreender a polícia a fim de não estimular a agitação...

Na mesma linha, o ministro do Exército, general Lyra Tavares, apaziguava o círculo militar, em ordem do dia, com o anúncio de que não haveria revisão de cassações.

Por outro lado, os parlamentares, tornado inviolável o exercício de seus mandatos, se externavam com franqueza.

Dentro da própria Arena, tendo em vista a estruturação de facções para a futura disputa dos governos estaduais, em eleições que o art. 13, § 2º da Constituição determinara que fossem diretas (diversamente do estabelecido para a eleição presidencial), crescia a insubmissão dos adversários das situações locais dominantes impostas pelo ex-presidente Castello Branco. Esse antagonismo gerava um impulso para a cisão, apontando no sentido do surgimento de um terceiro partido.

Por sua vez o MDB denunciava, desvendando a natureza do regime, o abuso do sigilo, impeditivo do debate e da fiscalização.

Com efeito, se um parlamentar solicitava dados sobre o número de oficiais das Forças Armadas, recebia uma informação reservada. A mensagem do Executivo pedindo abertura de crédito para o pagamento de despesas com o Comando Unificado da Força Interamericana de Paz, referente à Operação São Domingos, era "confidencial".

Havia ainda o delicado problema do levantamento aerofotogramétrico do país, realizado em aviões da Força Aérea dos Estados Unidos (USAF) por técnicos seus acompanhados de observadores de nossas próprias Forças Armadas. E se estivesse sendo concomitantemente mapeada a localização de recursos minerais? O acesso de outra potência a esse tipo de informação sobre o Brasil não implicaria comprometimento da segurança nacional?[21]

Tratava-se de acordo firmado ainda na gestão Castello Branco, mas o novo ministro da Aeronáutica considerava útil seu prosseguimento. Já o MDB insistia em apontar os óbvios riscos inerentes.

---

21. V. Hermano Alves, "Aerofotogrametria", *Correio da Manhã*, Rio de Janeiro, 8.6.1967 e "Câmara volta a debater acordo", *Correio da Manhã*, 7.6.1967. O artigo e a notícia estão transcritos em Osny Duarte Pereira, *Ferro e Independência, op. cit.*, pp. 451-455. O deputado Hélio Navarro foi um dos parlamentares que mais combativamente levantaram a questão na Câmara. Na Comissão de Segurança do Senado também foi severamente criticada a entrega do levantamento aerofotogramétrico à USAF.

Do temário das reivindicações democráticas constavam essencialmente a revogação ou pelo menos a revisão da Lei de Segurança Nacional e da Lei de Imprensa, bem como a reforma da Constituição. Nesta última se criticava basicamente a eleição presidencial indireta, o bipartidarismo imposto, o foro militar para civis, bem como a faculdade concedida ao Executivo de legislar por decretos-leis.

Nesse clima, a Câmara já cogitava de rejeitar um decreto-lei que abria crédito especial para o SNI.

Em contrapartida, um grupo de militares alertava o governo quanto à ameaça que representaria para o regime o movimento pela revisão das cassações; e também o debate das diretrizes econômico-financeiras do governo passado, bem como a idéia da criação de um novo partido, associada à tentativa de aniquilar os esquemas regionais montados durante esse mesmo governo. Esses últimos pontos, aliás, recebiam a adesão decidida de parlamentares arenistas.

Com o mesmo enfoque desses militares e igualmente em reação ao florescimento das aspirações democráticas, articulava-se no Congresso um pequeno grupo orientado para a defesa intransigente da legislação ditatorial.

Um novo problema de ordem jurídico-política se apresentava no fim de maio, quando da publicação do livro *Torturas e Torturados*, de autoria do deputado Márcio Moreira Alves. O SNI aconselhou ao presidente da República a apreensão, que foi executada antes mesmo da divulgação da portaria do ministro da Justiça; alegava-se ser essa a forma de evitar a reação direta que um grupo de militares estaria se preparando para praticar durante o lançamento do livro. Uma vez que não cabia no caso a aplicação da Lei de Imprensa, restava invocar a Lei de Segurança Nacional no inciso destinado a impedir a divulgação de impressos que "promovessem o incitamento de civis contra as Forças Armadas".

A situação era constrangedora para a própria Arena. Com efeito, uma vez que o governo se recusava a alterar a Lei de Segurança Nacional, generalizadamente malvista, havia arenistas que procuravam explicar essa intransigência alegando não acreditar na sua aplicação – argumento esse que acabava de ser desmentido. Mas em seguida nova portaria e uma decisão judicial liberavam o livro, liquidando a questão.

No início de junho Costa e Silva deixava claro que durante seu governo não se tocaria na Constituição nem nas leis de Imprensa e Segurança Nacional.

No concernente à política externa já transparecia certa conotação nacionalista em várias medidas que vinham sendo tomadas, incluída a questão nuclear.

A política de segurança interna, porém, seria mantida. Esvaíam-se as esperanças despertadas quando do anúncio da *Operação Impacto*, posteriormente reduzida a *Operação Alívio*.

Em meados de julho nova controvérsia envolvia outra vez o jornalista Helio Fernandes.

Havendo falecido no dia 18 desse mês em acidente aéreo o ex-presidente Castello Branco, a *Tribuna de Imprensa*, por inspiração de Lacerda que se tornara inimigo acérrimo dele principalmente a partir de 1965, publicou à guisa de necrológio um artigo que expressava essa hostilidade.

O marechal Costa e Silva, embora indignado, declarava não pretender aplicar sanções para "não criar um mártir". Um grupo de militares, porém, ameaçava agir por conta própria, caso não fossem tomadas providências.

O ministro da Justiça tornou, então, a valer-se do AI-2 e do respectivo Ato Complementar n. 1, cuja vigência expirara no dia 15 de março.

O art. 16 do AI-2, no seu inciso III, proibia a atividade ou manifestação política aos cassados, possibilitando ainda pelo inciso IV, alínea *c*, a aplicação do confinamento como "medida de segurança". Pelo Ato Complementar n. 1 o infrator estava sujeito a pena de detenção de 3 meses a 1 ano, sendo que o responsável pelo órgão de divulgação também sofreria punição, além disso acrescida de elevada multa pecuniária.

Com base nestes textos e interpretando-os à sua maneira, o ministro da Justiça baixou uma portaria aplicando ao jornalista Helio Fernandes, cassado e responsável tanto pela matéria política em pauta como pelo órgão no qual fora publicada, o disposto no inciso IV alínea *c* do AI-2, punindo-o com o confinamento na Ilha Fernando de Noronha.

O AI-2 continuava portanto em vigor, na prática, ao arrepio da Constituição de 1967, e não obstante todo o movimento pela revisão dos enunciados ditatoriais da própria Carta.

Na Câmara dos Deputados, reaberta em agosto, o plenário, com a concordância do líder do governo, aprovava requerimento do MDB solicitando o envio de uma comissão de parlamentares em visita de solidariedade.

Quanto a Lacerda, ao retornar de Fernando de Noronha, externava-se conciliatoriamente com respeito aos militares (informando, por exemplo, que Helio Fernandes estaria sendo bem tratado) concentrando os seus ataques no ministro Gama e Silva, a quem qualificava de único responsável pela medida arbitrária.

Semanas depois o ministro apresentava ao presidente um projeto de decreto cancelando o confinamento. Mas então já havia uma decisão judicial no sentido de ser o jornalista retirado da Ilha e transferido para lugar onde pudesse exercer sua profissão – o que significava que continuaria confinado, apenas alteradas as condições.

A essa altura, o governador de São Paulo, Abreu Sodré, procurava firmar um perfil de intérprete da continuidade revolucionária no campo civil. Desaprovava a conduta contestadora de Lacerda e apoiava o confinamento de Helio Fernandes. A seu ver, a sucessão de Costa e Silva (e o presidente assumira fazia poucos meses) se realizaria ainda dentro de um regime de hegemonia militar, e por eleição indireta. No plano administrativo, porém, queixava-se do sistema de distribuição dos recursos financeiros, francamente favorável à União, em detrimento do seu Estado.

Os órgãos de segurança lançavam-se a novas operações. Agora cogitavam de apelar às lideranças políticas de São Paulo, como o prefeito Faria Lima, o senador Carvalho Pinto e o próprio governador Abreu Sodré, a fim de que intercedessem junto aos estudantes para fazê-los desistir de realizar o Congresso da UNE, ao mesmo tempo que informavam já haverem começado as prisões daqueles que pretendiam participar e se deslocavam para São Paulo com esse objetivo[22].

Os parlamentares continuavam se rebelando.

O projeto do governo que abria crédito para o pagamento de despesas feitas pela Força Interamericana de Paz durante a intervenção em São Domingos foi rejeitado no Senado, que se considerou insuficientemente informado em vista do caráter confidencial conferido à matéria.

No plano político-partidário, a Arena pretendia que se instituísse a sublegenda para acomodar interesses internos. Por sua vez o MDB tendia a sublinhar o caráter intolerável de um regime centrado na doutrina da segurança nacional, e que concedia os mais amplos poderes a um presidente da República eleito por voto indireto e a descoberto.

---

22. O 29° Congresso da UNE realizou-se em agosto de 1967 num mosteiro em Campinas, no Estado de São Paulo. Cf. Hélio Silva, *Os Governos Militares, op. cit.*, p. 127.

A Frente Ampla crescia e Lacerda já se mostrava confiante com respeito à possibilidade de eleição direta para a sucessão de Costa e Silva.

Contrapondo-se a essa onda de contestação, o ministro do Exército, general Lyra Tavares, expressava-se com severidade na ordem do dia alusiva ao Dia do Soldado (25 de agosto).

No mesmo sentido, o general Moniz de Aragão, castelista e presidente do Clube Militar, abria discussão com Lacerda, respondendo aos artigos dele. Para o ex-governador da Guanabara criava-se momentaneamente uma situação vantajosa, pois via aumentar o interesse político e a repercussão dos seus pronunciamentos. Em conseqüência o governo decidiu orientar os diversos escalões militares para que evitassem polemizar com ele, de maneira a estabelecer em torno de sua figura o isolamento possível e principalmente não contribuindo para mantê-lo em destaque. E na verdade a intervenção do general Aragão já produzira seus frutos. Pois embora os ataques do ex-governador se dirigissem principalmente contra o ministro da Justiça, a reação violenta que provocaram paralisava a área militar sensibilizada pelas teses civilistas, o que tornava o restabelecimento da unidade favorável aos extremados.

De qualquer modo, porém, a Frente Ampla tomava impulso.

No início de setembro anunciava-se o seu lançamento em Belo Horizonte. Em seguida Lacerda receberia o título de cidadão de Diamantina e homenagearia Juscelino.

O tema-símbolo da campanha era a volta às eleições diretas para presidente. Tratava-se de luta que dificilmente poderia ser travada nas ruas, onde provavelmente se defrontaria com a repressão: por isso tendia a ser conduzida dentro do Congresso, sensibilizando, inclusive, setores arenistas. Não tardava, porém, e estes últimos eram alertados e proibidos de se filiar à Frente.

Além disso, por solicitação do ministro da Justiça, agora era o Tribunal Federal de Recursos que decidia, tendo em vista atingir Juscelino e a própria Frente, estar proibida aos cassados a atividade política ostensiva. Mais uma vez eram mencionadas as "medidas de segurança", previstas no inciso IV do art. 16 do AI-2, à escolha do governo: liberdade vigiada, proibição de freqüentar determinados lugares, confinamento. E conforme o art. 2º do Ato Complementar n. 1 do AI-2, tais medidas podiam ser aplicadas pelo ministro após investigação sumária.

Dada a condição de cassado que pesava sobre o ex-presidente, foi registrada contra ele sua presença na reunião de lançamento da Frente Ampla. Além disso tivera também um encontro com Jânio Quadros. Em clima de suspense, chegou a ser interrogado pela Polícia Federal, mas lhe foi permitido viajar para o exterior em seguida.

No dia 15 de setembro, malgrado o significativo episódio envolvendo Juscelino, o presidente Costa e Silva, comemorando seis meses de gestão, declarava em entrevista coletiva estar o Brasil vivendo em plena democracia.

A oposição discordava, evidentemente, apontando, além da repressão policial às manifestações estudantis, a obstinação do governo em opor-se à revisão dos preceitos antidemocráticos incluídos na Carta de 1967 e ainda a preservação arbitrária de dispositivos dos atos institucionais e complementares, utilizados principalmente contra políticos cassados.

Essa recusa à pacificação política interna estaria mesmo dificultando ao governo a obtenção do apoio maciço de que necessitava para sustentar no plano externo a recusa à formação de uma Força Interamericana de Paz (FIP); ou para insistir com êxito em reivindicações como as ligadas à participação majoritária da bandeira nacional no transporte das mercadorias exportadas, à exploração autônoma da energia nuclear, à defesa de nossas cotas de café no mercado internacional e do nosso café solúvel, além de outras.

Por sua vez, o governo, para contrabalançar o crescimento da Frente Ampla, atendia à solicitação de facções arenistas para conceder sublegendas regionais, o que enfraquecia o situacionismo local e estimulava a procura de votos fora da legenda.

Carlos Lacerda continuava realizando conferências e participando de debates em vários pontos do país. Mas, principalmente, conseguia em 24 de setembro articular com o próprio João Goulart o pacto de Montevidéu.

À vista da elevação do nível das aspirações, a Arena solicitava ao presidente uma orientação precisa quanto ao modo de se conduzir com respeito ao debate sobre a reforma da Constituição. A eleição presidencial indireta, a Lei de Segurança Nacional, a Lei de Imprensa e a questão salarial também eram colocadas em pauta. Havia mesmo um grupo expressivo de arenistas que preferia propor concessões substanciais com o objetivo de diminuir a desvantagem política do governo ante o avanço da Frente.

Mas o presidente da República, recebendo os dirigentes da Arena no início de outubro, frisou que a Constituição não seria emendada durante o seu governo. No concernente à forma de eleição, lembrou (como costumava fazer Castello Branco) os acontecimentos ocorridos a partir de 5 de outubro de 1965, aludindo aos políticos que pregavam a eleição direta mas que, à vista do insucesso nas urnas, haviam tentado, inclusive com o apelo aos quartéis, impedir a posse dos eleitos (Negrão de Lima e Israel Pinheiro). Esse arbítrio fora evitado pelo presidente Castello e por ele mesmo, que era então ministro da Guerra. Ao mesmo tempo em que por essa forma desqualificava a reivindicação da eleição direta, apresentava (reproduzindo mais uma vez a versão do seu antecessor) a promulgação do AI-2 como uma decorrência da insatisfação militar e destinada seja a apaziguá-la, seja a garantir a continuidade revolucionária.

Além disso, Costa e Silva avalizou a política econômico-financeira do seu ministro da Fazenda, Delfim Netto, assumindo a responsabilidade dela. E quanto à política salarial em particular, também a defendeu, dispondo-se a mantê-la mesmo ao preço da impopularidade do governo, a qual, no mesmo estilo de Castello Branco, dizia não temer. Num recuo completo, o próprio arrocho salarial era referendado.

Em contrapartida, a Frente Ampla tomava posição contra essa política de salários, estimulando as reivindicações dos trabalhadores e funcionários civis e militares, além de defender a perspectiva nacionalista no concernente às riquezas minerais.

Tendo em vista sustar a marginalização política do governismo, a Comissão Especial de Programa da Arena propunha que se apresentasse uma recomendação conciliatória: o partido se pronunciaria favoravelmente à eleição direta do presidente da República *se* e *quando* houvesse condições econômicas, sociais e políticas para isso. Mas Costa e Silva não aprovou a sugestão, reafirmando pretender manter a Carta inalterada até o fim do seu mandato.

Mais que isso, o governo demonstrava preferir o endurecimento.

Juscelino, que retornara ao país, era ameaçado de confinamento caso exercesse atividade política ostensiva. No fim do ano concordaria em viajar novamente para o exterior.

Parlamentares arenistas eram chamados à Casa Militar para receber instruções.

Por outro lado, Lacerda, que continuava a fazer pronunciamento em diversas capitais do país, já se definia abertamente a favor da anistia. Estando-lhe vetado o acesso à televisão e sabendo que os comícios seriam reprimidos, falava em recintos fechados.

Em discurso pronunciado no Teatro Municipal do Rio logo após o Natal, denunciava a política econômica adotada como antinacional. Na véspera do Natal, o presidente da República qualificara de subversivas as atividades de seus adversários.

No início de janeiro de 1968 era criada por decreto uma comissão especial para propor e fazer executar medidas relacionadas com os problemas estudantis, mediante delegação do respectivo ministro de Estado. Ou seja, atribuições da competência do ministro da Educação eram delegadas ao novo órgão do qual participavam dois militares, um deles o coronel Meira Matos, que já atuara na intervenção em Goiás e no cerco feito à Câmara em 1966. Por outro lado, a corrente civilista das Forças Armadas era hostilizada. Assim, o almirante Saldanha da Gama, ministro do Superior Tribunal Militar e eleito em 1965 e em 1967 para a presidência do Clube Naval, fora levado a deixar a direção do Clube depois de insurgir-se, em entrevista concedida à revista da Escola Naval, contra "o papel demasiado exercido pelas Forças Armadas na vida nacional"[23].

Referindo-se a essas questões, o jornalista e deputado Hermano Alves observava em artigo de imprensa:

> Agora, a propósito da publicação de uma vigorosa entrevista do almirante Saldanha da Gama (e de um artigo meramente informativo sobre a guerra no Vietnã) pela revista *A Galera*, publicada pelos alunos da Escola Naval, a cúpula militar assanhou-se e resolveu procurar uma célula comunista naquele estabelecimento de ensino da Marinha. Em suma: os velhos políticos de uniforme que têm idéias semelhantes às dos srs. Benedito Valadares, Daniel Krieger e Felinto Müller querem reprimir os impulsos de renovação intelectual das Forças Armadas que, promissoramente, já se assinalam entre os alunos das Academias Militares. É o caso de sugerirmos que o sr. Tarso Dutra [ministro da Educação] seja nomeado para presidir uma comissão de exame da questão estudantil nas Forças Armadas, em compensação ao ato do marechal Costa e Silva que nomeou o supercoronel Meira Matos para examinar o problema dos estudantes paisanos[24].

23. O almirante mencionou expressamente a submissão das polícias estaduais à tutela da União. Também o comandante da Escola Naval foi removido de suas funções. Cf. Hélio Silva, *Os Governos Militares, op. cit.*, p. 126.

24. Hermano Alves, "Forças inermes", *Correio da Manhã*, Rio de Janeiro, 25 de janeiro de 1968.

No mesmo mês de janeiro, o decreto-lei n. 348 redefinia o Conselho de Segurança Nacional, atribuindo-lhe competência para tratar de matérias normalmente incluídas na alçada de vários ministérios. Essa hipertrofia se processava ao arrepio dos artigos 90 e 91 da Carta de 1967, que lhe definia funções de assessoria bem mais limitadas. No mesmo decreto-lei era formalizada a notória precedência que desde o começo da gestão Costa e Silva vinha sendo conferida de fato, no sistema de comando do governo, ao secretário do Conselho.

A oposição denunciava a submissão explícita do governo ao dispositivo militar, evidenciada nesse decreto-lei pelo qual, a pretexto de regulamentar o Conselho de Segurança Nacional, até funções específicas da presidência eram formalmente transferidas para o chefe da Casa Militar (que era também o secretário do Conselho).

Segundo o MDB, a contrapartida da recusa a fazer concessões democráticas no plano interno era a falta de uma cobertura popular para enfrentar as pressões econômicas externas – às quais o país acabava cedendo, justamente pela ausência desse respaldo.

De sua parte, o governo se autocongratulava atribuindo-se êxitos na área econômico-financeira, devido a algumas medidas que haviam permitido certo desafogo aos empresários.

Com efeito, o ministro da Fazenda Delfim Netto se empenhava em animar a opinião com declarações otimistas sobre as perspectivas econômicas que estariam para se abrir, ao ser deixada para trás a orientação recessiva dos ministros da área na gestão anterior. E não trepidava em invocar como modelo Juscelino Kubitschek, indiferente ao fato de que se tratava de um proscrito, a quem se tornava impossível permanecer no país.

A figura pública de Juscelino era pois dissociada. De um lado havia o inimigo político, marcado principalmente a partir do 11 de novembro – e sobre quem pesava também o rompimento com o Fundo Monetário Internacional. De outro (e era esse o aspecto ressaltado como positivo) assomava o responsável pela euforia desenvolvimentista, ou seja, a orientação denunciada na época pela Frente Parlamentar Nacionalista, que apontava a confusão entre o estímulo à economia *do* País e o incremento a uma economia apenas *no* País.

A oposição replicava lembrando o reflexo do reajustamento da taxa de câmbio sobre os preços internos e também a persistência do arrocho salarial. Mais incisivo, o bispo de Santo André declarava considerar lícita uma revolução popular contra a opressão e os salários de fome[25].

O regime, que se orientava para o endurecimento, encontrava no êxito de opinião da Frente Ampla um alvo e um pretexto.

Em consonância com grupos das Forças Armadas que se mobilizavam contra a atividade política de Lacerda, exigindo que fosse reprimida, o líder da Arena no Senado qualificava da tribuna da Casa a Frente Ampla de movimento subversivo.

A insatisfação dos políticos. Pressão para a abertura

No dia 27 de janeiro de 1968, quando o ex-governador da Guanabara se preparava para falar em São Paulo, o Exército era posto em prontidão. Tratando-se de reação desproporcional ao estímulo, aventou-se a hipótese de que o motivo real da medida seria a ameaça de rebelião da Força Pública de São Paulo devido à criação da Inspetoria das Milícias Estaduais.

As relações entre o Congresso e o governo estavam tensas.

A notícia de que o regime, no seu centralismo, pretendia suprimir as eleições em mais de 200 municípios (cifra essa depois reduzida para 68), que a pretexto de estarem situados em zonas consideradas de segurança nacional teriam seus prefeitos nomeados pelos governadores, causava mal-estar nas bancadas estaduais da Arena.

Na verdade, a Carta de 1967 o permitia.

Pelo § 1º do art. 16, alínea *a*, eram indicados pelo governador, com prévia aprovação da Assembléia Legislativa, os prefeitos das capitais dos Estados (o que já constava do AI-3) e também os dos municípios considerados estâncias hidrominerais em lei estadual; e com prévia aprovação do presidente da República o governador nomearia também os prefeitos dos municípios considerados de interesse da segurança nacional por lei do Poder Executivo (alínea *b*).

Em clima de rebeldia criado pelos políticos insatisfeitos com os situacionismos estaduais, prosseguia a reivindicação pelas sublegendas. E a Arena parecia desagregar-se a um ponto tal que se chegou a imaginar que o Congresso não homologaria o decreto-lei referente à regulamentação do Conselho de Segurança

---

25. Cf. Hélio Silva, *Os Governos Militares, op. cit.*, p. 137.

Nacional, o que contudo não ocorreu, mas obrigou a intenso empenho das lideranças do partido governista.

É nesse quadro que no dia 15 de fevereiro o ministro do Exército, general Lyra Tavares, fazia no Senado uma exposição destinada a desanuviar o ambiente, preconizando a submissão das Forças Armadas à Constituição, às leis e ao Congresso.

O fato é que os políticos em geral, incluídos os próceres situacionistas, se mostravam apreensivos com o cerceamento de sua atuação no âmbito administrativo, que lhes chegava a afetar as chances de angariar popularidade para influir nas futuras eleições aos governos estaduais, que a Carta de 1967 estabelecia que fossem diretas.

Procurando dissipar esses temores, Costa e Silva animava o governador da Bahia, Luís Viana Filho, antigo chefe da Casa Civil do presidente Castello Branco, a articular um congraçamento para evitar o aprofundamento da crise. Também o MDB foi procurado. Ocorria, porém, que do ponto de vista da oposição tal entendimento era praticamente inviável, equiparando-se a uma capitulação, uma vez que se excluíam do debate tópicos fundamentais como a reforma constitucional e a anistia ou mesmo a revisão das punições.

Mais um governador, o de São Paulo, Abreu Sodré, convidava à união civil. E no encontro de Urubupungá, em fevereiro, presentes o marechal-presidente e sete governadores, apelava a um Costa e Silva perplexo e melindrado para que desse ao País a "paz de Caxias", a fim de que as energias nacionais florescessem em liberdade. Em março, porém, o governador se sentiria prestigiado pela forma lisonjeira como o seu candidato à sucessão estadual, o prefeito Faria Lima, era acolhido em plena reunião de governadores com o presidente, comemorativa do primeiro aniversário da gestão presidencial.

A Arena paulista continha virtualmente três sublegendas, sendo Faria Lima (que estava para ingressar no partido), Carvalho Pinto e Laudo Natel seus respectivos candidatos.

Laudo Natel exercera recentemente o governo do Estado ao completar o mandato de Adhemar de Barros, cassado em junho de 1966.

Carvalho Pinto fora governador no regime anterior e até integrara o ministério presidencialista de João Goulart, o que não impedira que se tornasse senador pela Arena. Ultimamente, porém, passara a ser visto com algumas reservas dado que, além de certas restrições ao arrocho salarial, também expressava outras, de natureza política. Assim, por exemplo, não considerava imprescindível que os militares continuassem dominando o cenário, uma vez que já haviam desempenhado sua missão ao subjugar a subversão.

Faria Lima, prefeito eleito de São Paulo, era o candidato mais popular; mas convinha que se filiasse à Arena, e não apenas para evitar que a soma dos sufrágios das duas sublegendas dos seus concorrentes suplantasse sua votação isolada.

Quanto a Lacerda, cuja atuação prosseguia, ressaltava que também Costa e Silva, como Castello Branco, se orientava por interesses extranacionais.

E percebia o ascenso da Frente Ampla favorecido pela crescente receptividade ao civilismo dentro das próprias Forças Armadas, onde setores expressivos desejariam livrá-las de um ônus inglório.

E de fato, em artigo de grande repercussão publicado na imprensa em março, o marechal Poppe de Figueiredo sugeria ao governo a diminuição do prazo de vigência das punições revolucionárias e que a próxima eleição presidencial fosse direta, como fórmula para se alcançar o congraçamento do país.

O benefício desse pronunciamento para a Frente Ampla era evidente, pois em vista das qualificações e da insuspeição do articulista, perdia fundamento a acusação de subversiva que se levantava contra a Frente por defender essas teses.

Sem vacilar, Lacerda, que se encontrava no Estado de São Paulo onde se animava à realização de um comício em São Caetano, obtendo significativo êxito, desafiava o governador Abreu Sodré a abandonar sua posição tímida e encampar a tese do marechal Poppe de Figueiredo.

De repente, o encaminhamento da questão das sublegendas era tumultuado pela intervenção da assessoria militar.

Pelo art. 175 das Disposições Gerais e Transitórias da Constituição, a eleição dos governadores e seus vices estava marcada para o dia 15 de novembro de 1970, juntamente com a de deputados e a parcial de senadores.

Em 15 de novembro de 1966 os votos parlamentares estadual e federal haviam sido vinculados, ou seja, tinham que ser atribuídos a um mesmo partido. Também agora o SNI através do seu chefe, general Garrastazu Médici, fazia saber que era necessário um freio (a vinculação do voto) a fim de evitar que o candidato a governador de uma das sublegendas da Arena, por exemplo, fizesse alianças "espúrias" com o MDB e a Frente Ampla.

Para as facções arenistas que se haviam batido pela sublegenda e que só não chegaram ao esquema de um terceiro partido porque o regime absolutamente o proibia, a vinculação era a forma pela qual os Estados seriam mantidos sob o guante do situacionismo estadual.

Tratava-se de fato de manter intocadas as situações criadas pela presidência anterior. Contudo a eleição não era iminente, bem pelo contrário, e a decisão poderia ter sido protelada. A solução que se adotou, a fórmula militarista empregada, tudo isso era de molde a exacerbar (previsivelmente) a irritação já instalada.

A orientação para o endurecimento. A resistência geral e o isolamento da ditadura

O regime não dispunha de apoio político ou de opinião e os seus opositores consideravam viável o abrandamento, uma vez que pressionassem nesse sentido. Para os dirigentes do regime, porém, interessados antes de mais nada em consolidá-lo, essa fraqueza política constituía ao contrário um impedimento para conceder qualquer abertura. A seu ver, o que se impunha para manter o poder sob controle era o enrijecimento, e para isso contavam com a adequada base militar.

A escalada repressiva toma um impulso substancial a partir de 28 de março de 1968 quando o restaurante estudantil do Calabouço, no Rio, é invadido, resultando dessa violência o assassinato do jovem secundarista Edson Luís de Lima Souto. Verdadeira multidão acompanhou o enterro do estudante.

Apesar da tranqüilidade da homenagem, os secretários de Segurança dos Estados recebiam ordem para reprimir a qualquer custo as naturais manifestações de protesto contra o desmando policial, sendo os grandes centros do país por assim dizer ocupados militarmente.

Em São Paulo, no entanto, o governador Abreu Sodré, objetivando evitar o agravamento da crise, permitiu com a concordância do general comandante do II Exército a passeata dos estudantes. Por esse motivo era cumprimentado através de telegrama subscrito inclusive por expressivo número de parlamentares da Arena.

Já em Goiânia, o arcebispo informava à imprensa que correra sangue na Catedral.

Também no Rio a violência policial, que não encontrara condições para exercer-se durante o enterro, tomava sua desforra brutal por ocasião da missa de sétimo dia, realizada na Candelária no dia 4 de abril. A situação era tal que os padres, ainda paramentados com as vestes litúrgicas, se ocupavam em proteger os que saíam da Igreja; e os parlamentares que se haviam deslocado para o Rio a fim de comparecerem à missa procuravam dar a cobertura possível a um ou outro dos inúmeros cidadãos agredidos. A multidão, ameaçada por patas de cavalo, sabres, granadas, fora encurralada na avenida Rio Branco, cujas ruas laterais estavam com a passagem impedida pela polícia.

Em Brasília era intimidador o aparato militar levado às ruas.

Como a notícia do ocorrido no Calabouço no dia 28 de março havia sido imediatamente comunicada à Câmara dos Deputados, que se achava em sessão noturna, a esse recinto logo se dirigiram centenas de estudantes da Universidade, que se reuniram nas galerias. Mais tarde, hostilizados pela polícia quando pretendiam realizar passeata, os estudantes refugiaram-se no câmpus onde permaneceram até que, após negociação promovida por intermédio de deputados oposicionistas, o cerco foi levantado e puderam retirar-se.

A trégua foi curta, pois o prefeito do Distrito Federal fez publicar nos jornais uma nota de desafio, assinada, que provocou a reaglutinação na Universidade.

Agora era o próprio reitor que solicitava aos parlamentares a reabertura de entendimentos para impedir um desfecho de violência, o que foi feito de maneira informal e em nome dos dois partidos. Não tardava e o secretário da Segurança do Distrito Federal ia à Câmara agradecer a mediação dos deputados na crise entre a polícia e a Universidade de Brasília.

Contudo, uma vez desencadeada a agitação, o dispositivo militar e repressivo ganhava desenvoltura. O comandante militar de Brasília e o próprio ministro do Exército externavam a altas autoridades civis sua estranheza quanto a vários fatos como: a proteção dada pelos políticos a estudantes rebelados contra a autoridade; os discursos, na opinião deles desrespeitosos às autoridades e às Forças Armadas, pronunciados na Câmara; a omissão da Arena ante tudo isso. Também se aborreciam com os pronunciamentos de Lacerda e as articulações da Frente Ampla.

E então, no dia 5 de abril, uma Instrução do ministério da Justiça proibia a Frente Ampla de funcionar. Lacerda ficaria sujeito às penas referidas no AI-2 e seu Ato Complementar n. 1 em caso de desobediência, o que significava que também seriam punidos os órgãos de divulgação que publicassem manifestações da Frente. A atividade política já estava sendo vedada a alguém que, como Carlos Lacerda, não tivera suspensos os seus direitos políticos.

Configurado um quadro no qual a evidente escalada militar se defrontava contudo com a crescente rebeldia civil, o ex-presidente Jânio Quadros, embora se tivesse esquivado de integrar o movimento, manifestou-se contra a portaria ministerial[26].

A ditadura tinha contra si os estudantes, operários, setores expressivos da Igreja, intelectuais, políticos e também os civilistas das Forças Armadas.

As próprias direções sindicais que haviam substituído as proscritas e desmanteladas questionavam a política salarial, criando-se o Movimento Intersindical Antiarrocho (MIA).

É nesse contexto que ainda no mês de abril de 1968 eclodia em Contagem, na Grande Belo Horizonte, uma greve de metalúrgicos: os operários externavam seu inconformismo com os 17% de reajuste salarial. Prontamente o ministro do Trabalho se deslocou para Belo Horizonte. E estando o governo já em luta com os estudantes e os políticos, dispôs-se a negociações com os trabalhadores, concedendo-lhes um abono (não um aumento) de 10%.

A correlação de forças parecia a Lacerda favorável ao civilismo. A própria retirada de cena que lhe fora imposta não a considerava negativa, pois dado o revide indiscriminado ao qual vinha sendo forçado, corria o risco de facilitar uma reunificação da área militar (o que favorecia os extremados) em prejuízo de uma aliança com os setores sensibilizados pela tese da eleição direta.

Mas o regime, apoiado no dispositivo militar e repressivo montado pelo castelismo e que controlava os postos-chave, estava disposto a enfrentar a Nação em peso.

Até mesmo a violência consubstanciada no fechamento da Frente Ampla era apresentada como um gesto de conciliação: ela teria servido para evitar a promulgação de um novo Ato Institucional – o que significava que tal providência já estava em pauta.

Os pretextos não faltavam.

Os estudantes, por exemplo, já haviam sido erigidos em alvo tático. De fato, uma vez exacerbada a agitação estudantil, o co-

---

26. Não podendo falar sobre política porque o AI-2 estava vigorando na prática, Jânio Quadros opinou em nome de sua esposa, dona Eloá.

ronel Meira Matos, que fora encarregado do setor, entregava em maio o seu relatório em decorrência do qual eram afastadas algumas autoridades, dando por encerrada sua tarefa. Em seguida era promovido a general. Na ocasião funcionavam no ministério da Educação cerca de cinqüenta comissões especiais.

E também se cogitava de proibir as manifestações de rua no dia 1º de maio, em todo País.

Para evitar o aguçamento antecipado da crise política, o ministro do Exército, num ziguezague entre um passo e outro da escalada, permitiu-se na ordem do dia relativa à data de Tiradentes um pronunciamento tendente à distensão.

Bem diversa foi a reação do ministro quando foram publicadas na imprensa opiniões emitidas pelo comandante do II Exército. Afinado com uma posição que, aspirante à Presidência, o governador Abreu Sodré passara a assumir, o general comandante chegava a admitir a possibilidade da indicação de um candidato civil – e para disputar eleições diretas. Quanto aos estudantes, não lhe pareciam subversivos, motivo pelo qual era contrário à repressão das manifestações deles.

A nova atitude do governador de São Paulo (na qual se refletia o isolamento da ditadura) não era evidentemente do agrado do governo, que agora tinha a oportunidade de desaprová-la publicamente (embora de maneira indireta) através da advertência feita pelo ministro ao comandante do II Exército. O pretexto explícito seria o fato de não poder um comandante de tropa falar sobre política. A razão real, o teor da opinião.

É dentro dessa linha adotada pelo governo de São Paulo que, quando os protestos contra a ditadura durante o comício de 1º de maio na Praça da Sé culminam numa agressão física ao próprio governador Abreu Sodré (autoridade representativa dela) presente no palanque, ele divulga uma nota, elogiada pela oposição no Congresso, na qual procura minimizar os incidentes.

O Legislativo se rebelava.

A Câmara dos Deputados se preparava para derrubar o projeto que privava de autonomia 68 municípios, considerados de segurança nacional. O presidente da República, porém, fechou a questão. Para atendê-lo, a liderança do governo promoveu a evacuação do plenário; só assim o projeto foi transformado em lei – por decurso de prazo[27].

---

27. É nesse contexto inconformista que a Comissão de Economia da Câmara convida Celso Furtado, exilado no exterior, para pronunciar três conferências em meados de junho, obtendo o evento grande êxito.

Agora o militarismo procurava fazer com que os secretários da Segurança fossem indicados pelos generais comandantes do Exército da área e meramente referendados pelos governadores dos Estados.

Assim ocorreu no Rio, onde o general secretário da Segurança foi imposto ao governador Negrão de Lima.

Também em São Paulo o general Carvalho Lisboa, abandonando a linha de entrosamento com o governador Sodré, teria proposto para a Secretaria um militar, mas o governador optou por confirmar ostensivamente o secretário civil de sua própria indicação.

O governo central aguçava a questão estudantil de maneira a indispor os políticos e a opinião com o regime, acelerando o enfrentamento generalizado.

Em maio eram presos cerca de cem estudantes da Escola de Medicina de Belo Horizonte. Os deputados arenistas mineiros, solicitados pelos correligionários, não podiam deixar de intervir.

Quanto ao Rio de Janeiro, o estado de sítio fora informalmente decretado entre 19 e 21 de junho pelo general comandante do I Exército, sendo os estudantes vítimas de repressão brutal. Havendo o secretário da Segurança da Guanabara sido meramente referendado pelo governador Negrão de Lima, que não o escolhera nem tinha sobre ele e seu dispositivo a menor ascendência, o governador se via desprovido de qualquer condição para dar cobro aos episódios sangrentos que lhe eram trazidos ao conhecimento por comissões de parlamentares e intelectuais.

Em sentido inverso ao dos protestos contra as violências praticadas, os partidários do endurecimento e da repressão culpavam o noticiário e as fotos publicadas nos jornais pelo fato de haver a opinião pública se tornado favorável aos estudantes, e reivindicavam o estado de sítio para que a imprensa pudesse ser submetida à censura.

De repente, esse quadro se altera. O presidente Costa e Silva intervém, afastando a polícia, e no dia 26 de junho de 1968 se realiza pacificamente a grandiosa passeata dos cem mil, de repúdio à ditadura. Os estudantes reivindicavam: a libertação dos estudantes presos; a reabertura do restaurante do Calabouço; o fim da repressão policial; a suspensão da censura artística[28].

---

28. Já em São Paulo o clima era bem diverso. Tendo no dia 22 de junho os membros de um pequeno grupo de ação armada realizado uma operação na qual apreenderam um lote de armas, o gal. Carvalho Lisboa lhes fez um desafio insólito, que a opinião responsável condenou: repta-

Dias depois o presidente recebia cinco delegados dos cem mil, demonstrando disposição para promover a libertação das pessoas presas durante a manifestação estudantil e popular anterior, e também para sugerir o relaxamento da prisão dos estudantes indiciados em inquéritos militares.

Mesmo assim, a passeata estudantil já programada a fim de pressionar o governo a libertar os que haviam sido presos durante os recentes acontecimentos sangrentos foi confirmada. Havia dúvida entre os próprios organizadores com respeito à oportunidade desse novo ato público. E como o governo central tendesse a considerá-lo um gesto de hostilidade, à vista dos compromissos assumidos pelo presidente, o governador da Guanabara, receoso da repetição de episódios confrangedores, apressou-se a declarar-se contrário à repressão. A passeata realizou-se no dia 4 de julho, em meio a ansiosa expectativa, mas sem violência.

Em revide, logo a seguir o ministro da Justiça se permitiu recomendar aos governos estaduais que proibissem novas passeatas ou manifestações públicas: os estudantes e a população em geral eram proibidos de se reunirem nas ruas.

Não tardava e o presidente Costa e Silva transferia para o Rio a reunião rotineira do Conselho de Segurança Nacional, a fim de que pudesse também promover quase simultaneamente uma outra mais especificamente militar, com generais de quatro estrelas.

Em Osasco, na Grande São Paulo, também em julho os metalúrgicos deflagravam uma greve, audaciosamente constestando a ditadura com a ocupação de uma fábrica[29]. O ministro do Trabalho seguiu imediatamente para São Paulo e a repressão foi severa, sendo efetuadas centenas de prisões e submetidos à tortura os líderes apanhados. Para advertência aos demais trabalhadores e quebra de moral, a retirada dos operários com as mãos juntas sobre a cabeça foi exibida pela televisão.

O movimento estudantil, que continuava em efervescência, prestava solidariedade aos grevistas de Osasco.

Quanto aos grupos teatrais que floresciam entrosados com os estudantes e operários na luta contra a ditadura, provocavam a ira dos bandos obscurantistas que costumam se organizar nesses contextos. Agressivos, passavam esses elementos a depredar

---

va-os a que viessem atacar o "seu" quartel. Aceita a provocação, uma caminhonete municiada se dirigiu para o quartel do Exército; a explosão imprevista do veículo resultou na morte do sentinela Mario Kozel Filho.

29. O presidente do sindicato da categoria era José Ibraim.

teatros e maltratar atores, o que repercutia no Congresso e na imprensa em geral.

Com todos esses percalços, o clima era de entusiasmo, discussão, esperança.

Afinal, se realizara a espetacular passeata dos cem mil.

A liderança do MDB trocava idéias com Lacerda, Jânio e Juscelino; este último considerava prioritária a eleição direta, mesmo se postergada a anistia. O realinhamento político era total: o proscrito Juscelino era procurado por militares interessados em estreitar laços com os civis.

As reuniões do presidente com as cúpulas no Rio não haviam resultado, pelo menos de imediato, na promulgação de qualquer decreto mais restritivo às liberdades públicas. De concreto houve a insinuação para o reforço da censura, contida na nota oficial divulgada através do Gabinete Militar da Presidência da República, acusando "elementos infiltrados nos setores formadores da opinião pública" (imprensa) de ocultar "a atual situação de prosperidade"; e evidentemente (no mesmo texto) ameaças à anti-revolução.

O caso é que o regime não estava disposto a admitir qualquer avanço dos seus adversários.

A intimidação prosseguia.

E a crise eclodiu, demonstrando que a orientação adotada pelo Conselho de Segurança Nacional apontava no sentido do endurecimento. O pretexto foi um pronunciamento de Jânio Quadros.

Tendo o ex-presidente falado informalmente à imprensa durante uma reunião social, foi convocado a depor perante autoridades policiais. Sua resposta, bem como as declarações de seus amigos, foram consideradas desafiadoras, pois dariam a entender que não convinha ao governo, já assolado pela insatisfação manifestada em todas as áreas, criar-se mais um problema (o do próprio Jânio). Em revide, seguiu-se a aplicação do inciso IV do art. 16 do AI-2. Entre as "medidas de segurança" previstas (liberdade vigiada, proibição de freqüentar determinados lugares ou domicílio determinado) optou-se por esta última. No dia 29 de julho era escolhido o local de confinamento: Corumbá, em Mato Grosso.

Ao ser deflagrado o movimento de 1964, Jânio Quadros aparentemente não tinha contra si, por parte da nova ordem, mais que o ressentimento causado pela renúncia, que possibilitara a ascensão de João Goulart à Presidência. Contudo fora cassado, e com destaque. Mais tarde, o favorecimento tático do governo Castello à candidatura janista de Faria Lima à Prefeitura de São Paulo em 1965, com os desdobramentos posteriores, havia até permitido supor que o ex-presidente seria um dos beneficiários de um eventual processo de revisão de punições. Esse, porém, não era o caso – e não apenas porque tal processo estava muito longe de ser implementado. Jânio Quadros tinha que ser marginalizado pelo regime, entre outras razões, pelo fato de representar uma liderança político-eleitoral civil, e potencialmente capaz de a qualquer momento surpreender, empunhando uma bandeira "inconveniente". Por outro lado, justamente pelos títulos históricos que podia ostentar, e que configuravam afinidade, não era admissível que alardeasse divergências. O severo castigo que lhe era imposto era tático, é certo, com vistas a um leque de objetivos variados. Todavia, instrumentalização à parte, a punição exemplar do ex-presidente quando ele se contrapôs à ditadura significava também um troco pelo que era interpretado como defecção.

A providência drástica determinada pelo ministro da Justiça deixou perplexos o senador Carvalho Pinto, o prefeito Faria Lima e o próprio governador Abreu Sodré que pretendia fazer do prefeito seu sucessor. Mas o ambiente de contestação era tal que, tão logo se anunciou a punição do ex-presidente, o principal auxiliar de Faria Lima já procurava o punido para solidarizar-se.

A ilegalidade da situação era manifesta, visto a vigência do AI-2 haver expirado em 15 de março de 1967. Cabia recurso ao Supremo Tribunal Federal, sendo o mesmo impetrado, mas já se imaginava que a solução seria demorada. Na verdade, do estrito ponto de vista jurídico, impunha-se que o Supremo anulasse a portaria que determinava o confinamento; mas isso estava fora de cogitação, pois a questão era antes política.

De qualquer forma o clima era de resistência. Parlamentares se preparavam para viajar a Corumbá e em cidades paulistas organizavam-se caravanas com o mesmo objetivo.

Também no início de agosto, o ministro do Trabalho Jarbas Passarinho debatia pela televisão com dom José Maria Pires, dom Pelé, e esperava poder contar ainda com dom Helder Câmara como interlocutor[30].

---

30. Além das lideranças de dom Helder Câmara, arcebispo de Olinda e Recife e demais sacerdotes já mencionados, destacam-se ainda na Igreja, durante esse período, as figuras de dom José Távora, arcebispo de Aracaju, dom Antonio Fragoso, bispo de Crateús, dom Valdir Calheiros, bispo de Volta Redonda, entre outros. Em julho de 1968 a

Na defesa da política salarial do governo Costa e Silva, o ministro costumava lembrar o abono de 10% que concedera, bem como as medidas de reajustamento automático, aplicadas a partir de critérios que considerava mais favoráveis para os trabalhadores que os utilizados na gestão anterior. Se essas melhorias não pareciam satisfatórias, alegava, era porque entre abril de 1964 e 15 de março de 1967 se procedera a um enorme achatamento salarial que não podia ser suficientemente corrigido sem colocar em risco a meta prioritária do combate à inflação. E a verdade é que, em última análise, essa meta, dentro da política econômica adotada (e que estava fora de discussão) conduzia ao arrocho.

No debate com dom José Maria Pires, o ministro Passarinho insistiu em que vinha praticando o "afrouxo" salarial, sendo contestado pelo seu oponente o qual, além disso, ainda defendeu a eleição direta para a Presidência da República. O país vibrou com a boa atuação de dom Pelé.

Em meados de julho fora ratificada, em reunião do Conselho de Segurança Nacional, a determinação do ministro da Justiça proibindo passeatas ou manifestações públicas. Tomando como base o rigor com que foi conduzido o *affair* Jânio Quadros, era permitido supor que essa decisão seria realmente cumprida e que um eventual retorno dos estudantes às ruas estaria sujeito a ser severamente reprimido.

Os parlamentares se dispuseram então a assumir a causa dos estudantes, enfrentando o governo no lugar deles. E assim, em regime de urgência, foi apresentado um projeto provindo do MDB concedendo anistia aos envolvidos nos episódios que se seguiram à morte do jovem Edson Luís no restaurante do Calabouço.

A redação do texto era tal que permitia incluir na anistia todas as punições aplicadas durante as manifestações estudantis subseqüentes, uma vez que todas elas se vinculavam à tragédia do Calabouço, que desencadeara o movimento de rua.

Mesmo assim, na Comissão de Justiça da Câmara e com expressiva participação de deputados da Arena, o projeto recebeu 13 votos a favor e apenas 1 contra, na sessão de 8 de agosto.

O governo reagiu, porém, e conseguiu vencer na Comissão de Segurança, mas apenas pelo voto de desempate.

Conferência Nacional dos Bispos do Brasil (CNBB), em sua 9ª Assembléia, encerrava seus trabalhos apelando para o retorno das liberdades individuais. Cf. Hélio Silva, *Os Governos Militares, op. cit.*, p. 137.

O fato é que os políticos de uma maneira geral queriam um projeto de anistia, qualquer projeto, dado o constrangimento demonstrado até pelos próprios governadores incumbidos da execução da política repressiva contra os jovens.

Quando a proposta voltou à Comissão de Justiça com as emendas apresentadas em plenário, o resultado da votação foi de 12 a 0 contra o governo.

Este fez então sentir à Arena o seu empenho em evitar a aprovação, apontando os "riscos" que daí poderiam advir.

Por sua vez, o general Moniz de Aragão publicava um artigo qualificando o projeto de "inoportuno, importuno e perigoso" e acusando o MDB de se haver acumpliciado com a rebelião de maneira explícita e agressiva através da apresentação dele.

No entanto, era evidente que também a Arena desejava votar a anistia, só não o fazendo sob pressão, o que permitia aos emedebistas afirmar que o Executivo paralisava a atuação constitucional do Congresso.

Por fim, no dia 21, o governo conseguia a rejeição. Mas tal era o estado da opinião quanto à matéria, que na reunião da Executiva Nacional, convocada justamente para garantir esse desfecho, a Arena, para salvar a face, decidiu também divulgar uma nota de aceno, anunciando que em condições propícias o governo e o seu partido não vacilariam "em aprovar um projeto beneficiando os estudantes e os trabalhadores".

O caráter ambíguo da vitória do governo era de molde a exacerbar os extremados, incitando-os ao revide.

Em contrapartida, a Comissão Executiva Nacional do MDB, percebendo a tendência para o agravamento da repressão, propunha a realização de um trabalho de solidariedade e assistência aos presos políticos, além da responsabilização das autoridades culpadas. Dentro desse esquema, constituíam-se comissões de deputados incumbidos de visitar estudantes presos em Brasília e também em São Paulo, Belo Horizonte e no Rio.

A agitação estudantil, estimulada a partir da violência sofrida em fins de março, se encontrava num certo recesso. Isso, porém, não representava qualquer obstáculo para o regime caso ele se decidisse a reabrir o combate, mesmo porque as preliminares já haviam sido plantadas.

E assim, no dia 29 de agosto, a Universidade de Brasília era invadida[31].

---

31. No dia seguinte era invadida e fechada a Universidade Federal de Minas Gerais, em Belo Horizonte.

Na véspera comentava-se que os generais Orlando Geisel e Garrastazu Médici teriam explanado na última reunião do Conselho de Segurança Nacional a tese de que o governo não precisava recorrer a medidas excepcionais para defender sua estabilidade e manter em bom nível a segurança nacional.

De fato, a operação foi conduzida com os recursos "normais", sem a decretação de estado de sítio ou algo no gênero.

Ocorreu simplesmente que, por ordem do ministro da Justiça, integrantes da Polícia Federal, de metralhadora na mão, invadiram o câmpus para buscar estudantes que estavam com prisão preventiva decretada. Ao ser feita previamente uma sondagem junto ao reitor, este desaconselhara a diligência, o que apenas serviu para que fosse acusado de complacência para com a subversão.

A manobra foi portanto realizada conforme se planejara, resultando em depredação e agressões físicas, sendo mesmo baleados alguns estudantes. Como era de se esperar, vários parlamentares compareceram ao local, seja na qualidade de políticos seja simplesmente por terem parentes, inclusive os próprios filhos, estudando na universidade. Foram recebidos com hostilidade e até maltratados por tentarem intervir e pelo fato de sua presença aumentar a repercussão do ocorrido.

A Secretaria da Segurança Pública do Distrito Federal se eximiu de responsabilidade nos acontecimentos, informando que a Polícia Militar comparecera ao câmpus convocada pela Polícia Federal, subordinada ao ministério da Justiça, para proteger um grupos de agentes durante a diligência que lhes fora determinada de procurar e prender cinco estudantes.

Já na versão dos professores e parlamentares tinha havido uma brutal invasão da Universidade por dezenas de agentes da Polícia Federal, com a cobertura de centenas de soldados da Polícia Militar.

Setores importantes das Forças Armadas se preocupavam com esses passos para o endurecimento e os próprios políticos da Arena preparavam documento de solidariedade aos professores e alunos, repudiando as violências. Também as esposas de parlamentares arenistas solicitavam que não fosse exigido de seus maridos que acobertassem essa conduta.

Impávidos, os porta-vozes do Departamento de Polícia Federal anunciavam a disposição de retornar ao câmpus para prender quatro estudantes (do grupo dos cinco procurados) que não haviam sido encontrados quando da primeira invasão.

De sua parte, o presidente Costa e Silva tentou contornar o grave conflito. Ao receber o reitor, que pretendia demitir-se, não apenas lhe solicitou que não o fizesse, prestigiando-o, como lhe assegurou que fatos como os ocorridos não se repetiriam em nenhum ponto do país. Ao mesmo tempo, num gesto no mínimo ambíguo, encarregava o general Garrastazu Médici, chefe do SNI, de investigar as causas e circunstâncias dos incidentes.

Com a oposição profundamente indignada e a Arena de certa forma estimulada pela reprovação do presidente à agressão, a Câmara instalava uma Comissão Parlamentar de Inquérito (CPI) para apurar as violências policiais: com base nos elementos a serem coligidos pretendiam os deputados chegar às próprias conclusões, que confrontariam com as do Executivo.

O ambiente era tenso, pois se sabia que os escalões militares de Brasília tendiam a solidarizar-se com o aparelho policial, comandado por patentes das Forças Armadas, da ativa ou da reserva. Do ponto de vista deles, teria simplesmente ocorrido na universidade um episódio da *guerra revolucionária*, em cuja suposta existência se apoiava o conceito de segurança nacional. Por sua vez os parlamentares da oposição pronunciavam veementes discursos antimilitaristas.

A investigação do governo limitou-se a apurar as ações do grupo de execução da invasão. Conforme já se imaginava, evitou-se avançar na escala hierárquica e de responsabilidade. Nessas condições, no dia 12 de setembro o general Médici dava sua tarefa por encerrada. Mas o tempo passava e o resultado da sindicância não era divulgado.

Quanto aos parlamentares, obtendo um triunfo expressivo, haviam conseguido interpelar oficiais em chefia na Polícia Civil e na Polícia Militar. Em seguida, porém, a CPI era contida por influência do Executivo, chegando-se a substituir alguns deputados. Dentro dessa mesma linha, a liderança da Arena instruía seus membros na CPI para que se opusessem a novas convocações. E assim, por exemplo, o chefe do Estado-Maior da 11ª Região Militar não pôde ser convocado, apesar de citado em depoimento, o que automaticamente exigiria o seu comparecimento; nem o poderoso general Meira Matos, inspetor-geral das polícias militares. Na verdade, a instalação da CPI sobre a invasão da universidade irritava profundamente o grupo militar sediado em Brasília[32].

---

32. V. Hermano Alves, "Altos e Grossos", *Correio da Manhã*, 19 de setembro de 1968. O articulista chama essa CPI de IPM às avessas; e

Por essa época estava em pauta a delicada questão representada pela VIII Conferência dos Exércitos Americanos, que o Rio de Janeiro sediaria na segunda quinzena de setembro, dando seqüência a encontros anuais que vinham se sucedendo desde 1961. As quatro primeiras reuniões haviam sido realizadas no Canal do Panamá; a quinta (1965) na Academia de Westpoint; a sexta (1966) em Lima; a sétima (1967) em Buenos Aires. Agora era a vez do Brasil.

Na Câmara dos Deputados e na opinião, a perspectiva da Conferência, com a presença acintosa do general Westmoreland, o derrotado do Vietnã, além de militares representantes das ditaduras argentina e peruana, mereceu a maior repulsa. Todos sabiam que se tratava de coordenar estratégias e métodos para evitar a reação dos povos-alvo contra a ordem político-social impopular a que eram submetidos. Aliás, havia no temário uma referência explícita à instrução relativa à guerra revolucionária. E na verdade o que realmente importava para os organizadores era *a guerra contra a subversão na América Latina*.

Deputados apresentavam à mesa da Câmara uma proposta para que fossem designados observadores parlamentares a essa Conferência, argumentando que não havia motivo para sonegar ao Congresso informações de natureza militar que seriam fornecidas a outras potências. Na Comissão de Segurança, cujos integrantes militares concordaram com essa tese, a recomendação foi aprovada por boa margem de votos. Contudo, o requerimento ao presidente da Câmara para que indicasse os observadores foi timoratamente indeferido, a pretexto de não haver a Casa recebido convite para participar da Conferência. Impetrado recurso, já que a matéria havia sido aprovada na Comissão de Segurança, a solução encontrada pela mesa foi evitar por um artifício (a falta de quórum) que a Comissão de Justiça opinasse.

O deputado Helio Navarro declarava seu propósito de mover ação contra os coordenadores e responsáveis pela Conferência, por crime de traição ao Brasil, com base na Lei de Segurança Nacional e no Código Penal Militar, pois eles estavam permitindo que estrangeiros ficassem conhecendo segredos militares do país.

O marechal Lima Brayner, ex-chefe de Estado-Maior da Força Expedicionária Brasileira (FEB), lembrava profundamente consternado o episódio lamentável da participação do Brasil no desrespeito à República Dominicana e alertava contra qualquer

relata que em conseqüência da invasão um estudante quase morreu, outro ficou desequilibrado, um terceiro recebeu uma bala na perna.

eventual nova tentativa de articular a Força Interamericana de Paz. Jogando o peso do seu nome ilustre na condenação da VIII Conferência dos Estados Americanos, observava que, como as anteriores, ela decorria de uma interpretação espúria do art. 8º do Tratado do Rio de Janeiro, de 1947, no qual se estabelecera um pacto de defesa coletiva continental. Não passavam, em suma, todas elas, de "reuniões de objetivos mal explicados"[33].

A VIII Conferência realizou-se na Escola de Comando e Estado-Maior do Exército, cercada da maior segurança, sendo que ao se retirarem os participantes, no último dia, o aparato bélico posto na rua foi especialmente intimidador.

Em repúdio, os estudantes do Rio organizaram uma Semana de Protesto contra a Reunião dos Generais, com distribuição de nota da extinta UNE e realização de assembléias e comícios relâmpagos. Uma manifestação maior, integrada por estudantes, artistas, intelectuais em geral e sacerdotes, foi evitada pela ocupação do centro da cidade pelo DOPS e pela Polícia Militar. Em áreas mais distantes, porém, os secundaristas conseguiram atuar, embora em comícios rápidos. Tais tentativas de sair à rua eram englobadas na elástica designação de *guerrilha urbana*[34].

Os órgãos de segurança e repressão perscrutavam também problemas na área trabalhista. Havia a perspectiva de um movimento reivindicatório, esperando-se a mobilização de bancários e principalmente de metalúrgicos para outubro, época da revisão salarial. Com efeito, os 10% de abono que estes últimos haviam conseguido em Minas, quando da greve de abril, estavam para ser descontados no novo reajuste, que de 25% passaria para apenas 15%.

A ameaça de endurecimento continuava sempre presente, agora se aguçando em revide ao próprio clamor da área política e popular no sentido da abertura. E também era notório que o grande aliado civil dos militares extremados no ministério já tinha preparado um novo ato institucional e estava ansioso para promulgá-lo.

33. O pronunciamento do mal. Lima Brayner foi publicado no *Correio da Manhã*, de 19 de setembro de 1968. V. ainda Hermano Alves, "A reunião ilegal dos exércitos", *Correio da Manhã*, 22 de setembro de 1968. O articulista, apoiado em De Gaulle, refere-se a uma Internacional Militarista.

34. V. Nelson Werneck Sodré, *O Governo Militar Secreto*, Rio de Janeiro, Bertrand Brasil, 1987, caps. 4 e 6, *passim*.

De sua parte, o governador de São Paulo apontava a inconveniência e mesmo o perigo que representava para a tranqüilidade pública o fato de ser mantido na pasta da Justiça o ministro Gama e Silva, de quem se dissociava, apesar de tratar-se de um paulista. Além disso, em vista da generalizada aspiração pela retomada da atividade política, propunha que o presidente Costa e Silva se apoiasse numa articulação dos governadores e demais lideranças da Arena, dentro de um esquema de política civil antigolpista.

Aliás, Abreu Sodré tinha motivos concretos para apreensão. Assim, por exemplo, no inquérito sobre atentados terroristas ocorridos em São Paulo – e que se pretendia apresentar como "subversivos" – fora possível detectar a responsabilidade de agentes de segurança, conforme denúncia pública do próprio governador. Dias depois ele era induzido a recuar da denúncia, mas a advertência permanecia.

Nos dias 2 e 3 de outubro, durante a presença do presidente Costa e Silva em São Paulo para reunir-se sucessivamente com o dispositivo militar e as lideranças políticas, a posição do governador Abreu Sodré era abalada pelos extremados.

Vinha ele tentando manter o Estado imune a violências mais brutais como as praticadas, por exemplo, contra os universitários do Rio, Brasília e Minas.

Dessa forma, o setor da Faculdade de Filosofia da Universidade de São Paulo, então sediado na rua Maria Antônia, transformara-se num núcleo de efervescência e discussão democrática, estudantes e professores estimulados pela crescente confraternização com trabalhadores e artistas.

Não que estivesse descartada a repressão. Mas os estudantes contavam com os cuidados de professores dispostos a se expor para barrar, por exemplo, a invasão policial a pretexto de desalojá-los; ou a utilizar suas imunidades (bem relativas) para, em peregrinação pelo DOPS ou demais repartições policiais, localizar o presidente do centro acadêmico ou algum outro estudante cuja falta se percebesse, o que já tornava possível proporcionar-lhes o respaldo de um advogado.

Vivia-se num clima de contestação – e o MEC-Usaid representava uma afronta específica – mas o próprio fragor da batalha era de molde a provocar uma certa euforia. A repressão ainda não se tornara insuportável.

E então, enquanto o governador se reunia com o presidente, elementos do CCC (Comando de Caça aos Comunistas) passaram a promover provocações contra os estudantes da Faculdade de Filosofia até que revidassem. Isso bastou para que, invocando a qualidade de alunos de instituição vizinha, solicitassem proteção policial para a "sua" escola, obtida a qual passaram a atirar com armas de fogo, sendo alcançado e morto por um dos disparos o secundarista José Guimarães. Quanto ao prédio da rua Maria Antônia, tornado emblemático pela resistência que abrigava, transformava-se em alvo de bombas, contra ele lançadas sem cessar.

A certa altura, aqueles que ainda permaneciam na Faculdade de Filosofia e imediações eram conduzidos a uma sala da também vizinha Faculdade de Economia, a pretexto de lhes ser dada proteção. Dali, cinco professores que até a hora da reunião forçada haviam permanecido com os estudantes no prédio ameaçado de incêndio, zelando pelo patrimônio público, foram levados em camburão para o DOPS. Após o despistamento (fazia-se crer que a detenção terminara) eram transferidos para o Presídio Tiradentes, onde sua permanência, partilhando uma cela com agentes disfarçados, só não se estendeu devido às gestões da direção da Faculdade. Mesmo assim, antes de serem declarados em liberdade, foram reconduzidos ao DOPS, para interrogatório e fichamento[35].

O governador se recusara a aceitar a imposição do comandante do II Exército que lhe pretendera indicar um secretário da Segurança, mantendo no cargo aquele que já estava no posto. Pois agora se criava uma situação peculiar: havendo a polícia atendido ao pedido de "proteção" feito pelos provocadores – que em sua presença continuavam impavidamente a praticar a brutal agressão –, era como se o secretário da Segurança da confiança do governador Sodré estivesse dando cobertura a tudo isso. O grupo extremado e o ministro da Justiça desafiavam o governador de São Paulo que denunciara o terrorismo deles e pedira a demissão de Gama e Silva, e lhe mostravam para que lado pendia a balança.

Quanto ao presidente da República, achava-se tolhido por um sólido dispositivo militar e de repressão, cujos alicerces já haviam sido firmados no governo anterior, e que reagia à mani-

---

35. Imediatamente em seguida a esse incidente, o prédio da rua Maria Antônia, situado praticamente no centro da capital, foi desativado. Os cursos que ali funcionavam foram rapidamente transferidos para a Cidade Universitária, aliás dentro do processo mais geral de isolamento dos estudantes, apartados dos núcleos urbanos mais dinâmicos.

festação civilista de expressivos setores das Forças Armadas orientando-se para o reforço da hegemonia militar ameaçada.

A adoção dessa linha era estimulada através de recursos diversos. Assim, por exemplo, vinha sendo feita uma cooptação maciça de oficiais, da reserva embora, para postos da administração. Também as empresas privadas lhes ofereciam posições em seus quadros, atentas por certo a uma virtual utilização da influência deles. Além disso, o comprometimento militar em ações de tipo repressivo, que se ampliava, induzia os envolvidos a recear o restabelecimento das liberdades públicas.

Agora o Congresso era acusado de não estar apoiando suficientemente o combate à subversão. Os vícios tradicionais eram trazidos à tona, com a intenção de desprestigiá-los; mas não eram tais defeitos que se tinha realmente em vista, e sim sua resistência e o papel que assumia de porta-voz do civilismo.

O caso é que o aparelho de segurança não se conformava com o fato de haver a CPI denunciado os responsáveis pelas violências praticadas na Universidade de Brasília. Desgostava-o ainda que o presidente tivesse prestigiado o reitor de uma instituição qualificada de foco de "guerra subversiva". Mas principalmente interpretava como um desrespeito ao presidente a recusa dos congressistas em apoiar o governo em tarefas consideradas de "segurança nacional". Com efeito, parlamentares da própria Arena se eximiam de ir para a tribuna defender capitães e majores que no entender deles e no consenso da opinião cometiam tropelias.

Dentro da mesma ofensiva, o ministro do Trabalho encarava as paralisações que começavam a ocorrer em alguns pontos do país, notadamente em Belo Horizonte, como parte de um ameaçador plano para deflagrar uma greve geral.

Também a área estudantil continuava na mira dos órgãos de repressão, que lhe preparavam um rude golpe. Assim, o 30º Congresso da UNE, que se realizava em Ibiúna (Estado de São Paulo), era dissolvido pela polícia, sendo detidos cerca de setecentos estudantes. Depois de generalizado fichamento e feita a triagem, foi efetuada a prisão de parte deles. Mas todos ficaram marcados e sujeitos a julgamento[36].

E havia mais. Os presidentes do Senado e da Câmara transmitiam ao presidente da República suas apreensões quanto à segurança pessoal de próceres oposicionistas visados por um órgão

---

36. Em vista da probabilidade de condenação, vários estudantes investidos de alguma liderança se viram impelidos a optar pelo exílio.

terrorista instalado no ministério da Aeronáutica: o pessoal do Para-Sar, unidade de pára-quedistas destinada a salvamento, estaria sendo coagido a executar a terrível tarefa de eliminar fisicamente adversários do regime. Os parlamentares se baseavam num documento datado de 1º de setembro e até a imprensa já publicara notícias a respeito.

O perigo era real, tanto que o brigadeiro Itamar Rocha, que representava um obstáculo aos objetivos visados, fora afastado da Diretoria de Rotas Aéreas, passando a constar de sua folha de serviço uma injusta prisão disciplinar.

Na FAB (Força Aérea Brasileira) o plano terrorista fora condenado por setores importantes da oficialidade. Por outro lado, o ministro Marcio de Souza e Mello insistia em negar a veracidade do episódio, tal a sua gravidade. Contudo, o brigadeiro Eduardo Gomes, que recebera informações a respeito, dera-lhes crédito, comunicando o fato à cúpula da Arena, para conhecimento do marechal Costa e Silva, presidente da República. O assunto dividia portanto a oficialidade, cujo setor mais expressivo, além de levar em conta a denúncia, externava vigoroso repúdio a tal tipo de conduta.

As escaramuças que culminaram no aprofundamento da ditadura

Simultaneamente, nos bastidores, era selecionado o pretexto para o confronto.

Foi assim que um grupo de oficiais se manifestou contra os deputados Márcio Moreira Alves e Hermano Alves, ambos do MDB, perante o ministro do Exército, daí resultando uma representação subscrita pelos três ministros militares e encaminhada ao presidente da República. Consultado, o ministro da Justiça opinou pela viabilidade do processo de suspensão de direitos políticos desses deputados, com a correlata cassação de mandatos. Costa e Silva determinou então que o caso tivesse prosseguimento.

No dia 9 de outubro já se conhecia oficialmente a disposição do ministro da Justiça de dirigir-se ao procurador-geral da República para deflagrar o processo. Isso feito, o documento seria enviado ao Supremo Tribunal Federal que sortearia relator e, dependendo de eventual decisão, seria solicitada da Câmara dos Deputados licença para submeter os deputados a julgamento.

Quando recebesse esse pedido de licença, a Câmara teria noventa dias para deliberar, após o que a matéria seria incluída automaticamente na ordem do dia, nela permanecendo durante quinze sessões ordinárias consecutivas; a não-deliberação dentro desse prazo máximo de noventa dias acarretaria, de acordo com o § 2º do art. 34 da Constituição de 1967, a concessão de licença para processar os parlamentares. Pelo § 3º do mesmo artigo, a Câmara autorizaria ou não a formação de culpa, por voto secreto.

Contra Márcio Moreira Alves, cujo processo foi o primeiro a ser enviado ao procurador-geral, alegava-se o chamado "discurso Lisístrata", pronunciado às vésperas do Sete de Setembro, quando preconizara o isolamento dos militares inclusive por parte das mulheres. Mesmo levando em conta o clima de indignação generalizada devido às violências recém-praticadas na Universidade de Brasília, tratava-se de um discurso imprudente, sem qualquer vantagem política. Tanto que um companheiro do parlamentar[37] cuidara imediatamente de tomar a palavra para esclarecer que ele não pretendera dizer propriamente o que disse, apenas havendo sido infeliz ao expressar-se, com o que o orador concordou, corrigindo-se, portanto. O assunto parecia encerrado – até o momento em que foi escolhido como pretexto para a já programada investida contra o Congresso.

Quanto a Hermano Alves, havia sido selecionada como peça de acusação contra ele uma série de artigos publicados no *Correio da Manhã*, em que colaborava, e cuja linha editorial era profundamente desagradável ao regime.

O artigo 150 da Carta assegurava aos cidadãos um rol de direitos e garantias individuais, entre os quais, conforme o § 8º, a livre

manifestação de pensamento, de convicção política ou filosófica e a prestação de informação sem sujeição a censura, salvo quanto a espetáculos e diversões públicas, respondendo cada um, nos termos da lei, pelos abusos que cometer.

Exatamente para prevenir a hipótese de se *abusar* desses direitos "para atentar contra a ordem democrática" (*sic*) o artigo 151 estabelecia que tais infratores teriam suspensos os seus direitos políticos, "sem prejuízo da ação civil ou penal cabível". Essa era a base para o processo contra o deputado e jornalista

---

37. Trata-se do deputado Davi Lerer.

Hermano Alves, acusado de "abusar" dos direitos conferidos pelo § 8º do art. 150.

Ambos os deputados visados, protegidos um e outro pelas imunidades asseguradas no artigo 34 e no § único do artigo 151 da Carta de 1967, só poderiam ser processados com a concordância da Câmara. No entanto a situação de Hermano Alves era mais delicada, pois havia a agravante de ter sido ele acusado por atos praticados fora da tribuna parlamentar, o que o sujeitava, em caso de processo, a enquadramento tanto na Lei de Segurança Nacional como na Lei de Imprensa.

A CPI contra as violências no câmpus da Universidade de Brasília, o vazamento do caso Para-Sar, tudo motivava o aparelho repressivo a reverter a situação e fechar o cerco. E agora era o momento e estavam criadas as condições.

Concomitantemente a esses preparativos, o dia-a-dia se tornava cada vez mais inquietante e truculento, com ameaças de prisão a qualquer pretexto, a abertura de inúmeros IPMs, a convocação de testemunhas feita de maneira insólita, como se a vítima estivesse sendo seqüestrada, além dos raptos (às vezes temporários) propriamente ditos. As formas de intimidação se multiplicavam.

No concernente ao processo contra Márcio Moreira Alves, os militares argumentavam que se um general ofendesse o Congresso o ministro o puniria, para não endossar a agressão; esperavam em contrapartida que o Congresso permitisse a punição do deputado. No entanto, no exemplo citado, o militar não teria sua patente cassada.

A escalada era evidente, e também o impasse. Se a Câmara cedesse se desmoralizaria e se não cedesse acirraria o confronto. Qualquer das hipóteses permitia vislumbrar como desenlace o fechamento do Congresso. Por outro lado não parecia no meio político que se pretendesse apelar a esse recurso, que implicaria destruir o colégio eleitoral para a escolha do presidente da República. E também chegavam informações de que os extremados a esse ponto estavam isolados dentro do conjunto das Forças Armadas.

Mas nem por isso a corporação militar, como um todo, abria mão do processo movido contra os parlamentares. Ou seja, não se pretendia fechar o Congresso: "apenas" se requeria licença para cassar alguns deputados...

A verdade é que estava em curso um ataque frontal ao instituto da imunidade, assegurado bem incisivamente pelo artigo 34 da Constituição:

Os deputados e senadores são invioláveis no exercício do mandato, por suas opiniões, palavras e votos.

Seria até de se esperar uma rejeição liminar da denúncia por parte do Supremo Tribunal Federal.

Contudo, chegava-se à segunda quinzena de outubro sem qualquer sinal nesse sentido. Ao contrário, já se tornava claro que, adotando um comportamento político, o Supremo não pretendia arquivar a denúncia por inepta, liquidando a questão.

Lacerda se manifestava em defesa das imunidades parlamentares, o que não deixaria de repercutir na área militar que sua liderança sensibilizava.

Já o chanceler Magalhães Pinto tentava afastar a ameaça que pairava sobre o Congresso sugerindo que a Câmara votasse moção de desagravo às Forças Armadas, dessa forma rebatendo o argumento dos que consideravam a negação da licença um endosso ao conteúdo do discurso do deputado Márcio Moreira Alves. Ora, desde o primeiro instante ficara claro que se tratava de manifestação absolutamente individual, da qual o MDB até se dissociara explicitamente e o próprio deputado reconsiderara. De sua parte os arenistas não cessavam de sublinhar que o Congresso não se solidarizava de forma alguma com o discurso pronunciado.

No dia 21 de outubro o Alto Comando das Forças Armadas se reunia, correndo rumores de que nesse encontro teria sido examinada documentação apreendida pela polícia no frustrado Congresso da UNE. Tal documentação, qualificada de subversiva, indicaria a existência de um intercâmbio internacional considerado indesejável.

A oposição parlamentar mostrou-se admirada com o fato de que uma simples matéria desse tipo se tivesse constituído em tema para debate e deliberação do Alto Comando das Forças Armadas. E de fato o Alto Comando não tratara apenas do Congresso de Ibiúna. Com efeito, imediatamente após o encerramento da reunião, o marechal Costa e Silva comunicava ao presidente da Arena sua disposição, já tornada inarredável, de agir contra o deputado Márcio Moreira Alves.

A unidade militar, ameaçada por pontos de vista e condutas heterogêneos, recompunha-se de certa forma em decorrência da tomada de posição presidencial. E dada a natureza do alvo adotado, que unia a todos na exigência de um desagravo qualquer, o setor extremado via-se suplementarmente favorecido.

Isso não significava que a crise interna tivesse sido superada.

No caso do Para-Sar, por exemplo, era publicada a circular dirigida pelo brigadeiro Itamar Rocha aos seus companheiros da FAB e se tornavam conhecidos graves fatos que invalidavam a versão do ministro da Aeronáutica. O grupo de oficiais da Força Aérea que apoiavam o brigadeiro Itamar e que contavam com a solidariedade de importantes generais do Exército dispunha-se a recorrer à Justiça denunciando o terrorismo militar que o governo insistia em ignorar.

Com respeito à sucessão presidencial já repontavam candidatos militares, suspeitando-se até que o fechamento do Congresso enquanto colégio eleitoral interessasse àquele com menores chances propriamente políticas. Em contrapartida, outro setor das Forças Armadas preferia que se cristalizasse uma união civil em torno de um candidato também civil, mas aceitável pelos militares. Magalhães Pinto, com bom trânsito tanto nas Forças Armadas como no Congresso, preenchia esses requisitos.

Lacerda, que contava com apoio tanto civil como de setores militares, continuava evidentemente candidato. No momento, porém, considerava prioritário que se fixasse o princípio da sucessão civil do marechal Costa e Silva. Além disso, embora defendesse, é claro, a eleição direta, admitia realisticamente que o pleito que estava em pauta se fizesse ainda pelo sistema indireto, contanto que houvesse um compromisso de subseqüente liberalização do regime. E à vista da conjuntura, não relutava em adiar suas próprias aspirações eleitorais para a futura fase da eleição direta, aceitando, para a de transição, a candidatura de Magalhães Pinto ou até mesmo a de Bilac Pinto.

Dentro desse quadro geral continuava se desenrolando o *affair* Márcio Moreira Alves.

A oposição observava que, enquanto se tentava enquadrar o deputado por um discurso pronunciado da tribuna da Câmara, parlamentares extremados se permitiam preconizar em entrevistas (fora da tribuna, portanto) a promulgação de novos atos institucionais; esses políticos, no entanto, não eram molestados; e muito embora eles sim estivessem atentando contra a ordem democrática, não eram considerados abrangidos pelo disposto no artigo 151 da Constituição.

Por sua vez, os militares extremados negavam que estivessem exercendo pressão sobre o Congresso ou o Supremo no sentido de obter a cassação, apesar de não compreenderem por que o Congresso tolerava em seu meio elementos "subversivos"... Reconheciam a impopularidade que os cercava, mas preferiam retirar a responsabilidade de si próprios para lançá-la sobre a imprensa, que no entender deles os denegria. E também apontavam à repressão o meio estudantil, onde consideravam elevada a ação "subversiva".

No início de novembro, num ambiente de intimidação e truculência, com deputados ameaçados em sua integridade física fora do recinto parlamentar, chegava a notícia de que a Câmara estava para receber o pedido de licença do Supremo a fim de processar o deputado Márcio Moreira Alves. E já se podia antecipar que a Comissão de Justiça opinaria contrariamente.

O governo encontrava dificuldades também em outras áreas sensíveis. O problema do Para-Sar, por exemplo, não se resolvia. E o presidente ainda se via levado a acenar, apesar do arrocho, com a concessão próxima de aumento de vencimentos (que estavam defasados) para os servidores civis e militares.

Lacerda estabelecia sua base em São Paulo e promovia articulações tanto com lideranças civis (incluindo governadores) como com militares.

A solicitação do Supremo referente a Márcio Moreira Alves era por fim enviada à Comissão de Justiça da Câmara.

A hipótese da concessão da licença estava praticamente excluída. Os receios diziam respeito aos possíveis desdobramentos do gesto, mesmo porque o empenho presidencial chegava ao ponto de serem chamados ao Palácio deputados vacilantes, a fim de cooptá-los.

Supunham alguns que, se a Câmara negasse a licença para processar o deputado, os ministros militares se demitiriam; em conseqüência, caso o presidente se solidarizasse com os demissionários, promulgaria um ato institucional ou então simplesmente fecharia o Congresso. No entanto era possível discordar de tal prognóstico, pois havia quem informasse que o ministro do Exército pretendia acatar a decisão que a Câmara tomasse. Muito menos os ministros da Marinha e da Aeronáutica se animariam à aventada decisão drástica; o primeiro, pelas dificuldades com que já se defrontava em sua Arma para justificar a cobertura dada à representação do ministro do Exército contra os parlamentares; e o segundo por encontrar-se isolado na pasta, principalmente em decorrência do conflito com o brigadeiro Itamar Rocha.

De qualquer forma a perspectiva otimista parecia plausível, mesmo porque personalidades militares divergentes dos extremados estimulavam as lideranças civis a se constituírem em grupos de pressão com vistas a propiciar um desafogo político que teria como premissa o afastamento do ministro Gama e Silva da pasta da Justiça.

A essa altura o próprio presidente da Arena, em documento reservado dirigido ao presidente da República, manifestava-se – embora em caráter pessoal – contrário à concessão da licença.

Todas essas expectativas e gestões, porém, se frustravam.

Deixando de lado o verdadeiro contexto do conflito, o marechal Costa e Silva preferia considerar inconcebível que a Câmara lhe negasse a licença requerida, pois a Arena, que constituía a maioria, devia fidelidade ao regime e ao governo, e o empenho do presidente era óbvio. Além disso, no seu entender, se não concedesse a licença, a Casa estaria impedindo um julgamento afeto ao Supremo Tribunal Federal.

Na verdade a própria denúncia já devia ter sido rejeitada pelo Supremo. Mas não havendo isso ocorrido (por razões políticas), Costa e Silva insistia em seus argumentos, declarando confiar na concessão da licença com o subseqüente encaminhamento do processo à Justiça, cujo veredito, segundo prometia, seria por ele respeitado qualquer que fosse – mesmo a absolvição.

Por sua vez, o Congresso, mais que opor-se ao processo e à eventual degola em si mesmos, reagia ao descumprimento do disposto no art. 34 da Carta, que declarava deputados e senadores "invioláveis no exercício do mandato, por suas opiniões, palavras e votos". E principalmente resistia à provocação tramada e em curso contra a instituição parlamentar.

O impasse estava criado.

E então novamente, tal como em 1965, as manifestações de um dos grupos extremados foram capitalizadas.

Com efeito, oficiais da Vila Militar condenavam acerbamente a efervescência estudantil e os pronunciamentos dos parlamentares. Não admitiam sequer a hipótese de que a Câmara negasse a licença para o processo, sob pena de, na sua opinião, se ver o governo desmoralizado. Pretendiam que houvesse ainda mais um período de governo militar e entre os candidatos cogitados davam destaque ao general Afonso de Albuquerque Lima, ministro do Interior.

Por essa época circulavam rumores sobre um manifesto a ser lançado pelos coronéis da Escola de Comando e Estado-Maior do Exército, reclamando do presidente da República "uma revolução dentro da revolução", com expurgos no Congresso, independemente da solução que fosse dada ao caso Márcio Moreira Alves.

Também Albuquerque Lima, que encetava campanha para sua candidatura à Presidência, definia-se a favor do endurecimento, falava em "mais dez anos de revolução", e prometia reformas "mesmo que tivesse que recorrer a atos institucionais".

Durante o governo Castello Branco tomara posição contra a política antinacional que se implementava; da mesma forma agora, na condição de ministro do Interior do governo Costa e Silva, entrava em choque com o ministro da Fazenda Delfim Netto, dada a insensibilidade deste com respeito às necessidades de órgãos como a Sudam e a Sudene. Preparava-se para deixar a pasta e voltar à tropa, onde teria que permanecer por dois anos para passar de general-de-divisão a general-de-exército.

No momento, a projeção de sua figura não se devia propriamente ao matiz de nacionalismo econômico do seu militarismo; o que se pretendia instrumentalizar e se captava como denominador comum dos diversos grupos extremados era o impulso para a consolidação do regime militar.

O *affair* Márcio continuava em pauta e já se podia antever que o resultado da Comissão de Justiça da Câmara seria efetivamente contrário à concessão da licença. Se o plenário decidisse durante a sessão extraordinária, cuja convocação estava prevista para 21 de janeiro (e ainda se estava em novembro), a solução permaneceria em suspenso por um tempo excessivo, alimentando tensões. Não seria melhor adiar o pronunciamento da Comissão de Justiça? O governo, porém, se recusou a isso. Se a Comissão não deliberasse logo, convocaria o Congresso extraordinariamente a partir de 1º de dezembro, ou seja, suprimindo completamente o recesso. Ora, a essa altura os parlamentares ainda tentavam protelar a decisão sobre o caso, sendo que deputados arenistas propunham (mas o governo rejeitava) que antes do recesso se aprovasse um projeto pelo qual a própria Câmara puniria o deputado; essa punição poderia consistir, por exemplo, em suspendê-lo dos trabalhos parlamentares por quinze dias.

O governo já ameaçara com a convocação extraordinária a partir de 1º de dezembro caso a Comissão de Justiça demorasse a deliberar. Agora se declarava disposto a fazer tal convocação antecipada se o parecer dessa comissão fosse contrário à concessão da licença: seria, como fazia saber, uma forma de manifestar solidariedade aos militares.

Continuando a pressionar, o presidente passava a exigir, e imediatamente, o parecer – favorável – da Comissão. Como o início da sessão extraordinária continuava previsto para 21 de janeiro, era possível argumentar que um veredito contrário ao pretendido ou mesmo o adiamento da votação estimulariam durante o recesso parlamentar de mais de mês e meio (entre 1º de dezembro e 21 de janeiro) novos pronunciamentos militares.

Para melhor garantir o resultado exigido era cogitada a substituição dos arenistas propensos a votar na Comissão de Justiça contrariamente às ordens do governo. Este, suplementarmente, reiterava a disposição de convocar a sessão extraordinária para 1º de dezembro, em caso de insucesso.

De repente, esses planos eram alterados, pelo menos aparentemente. Com efeito, o presidente da República, ao ser procurado pelo presidente da Comissão de Justiça e mais alguns deputados, todos contrários à concessão da licença, parecia ter sido persuadido de que a melhor forma para evitar um grande lapso de tempo (propício a especulações arriscadas) entre a manifestação da comissão e a do plenário consistia em adiar o próprio parecer da primeira para janeiro.

Animados com essa boa vontade, os parlamentares já supunham que seria possível resolver tudo através de uma punição aplicada no âmbito da Casa. Aliás, o MDB se dispunha a suspender o deputado se isso contribuísse para superar a crise. Despontava mesmo a expectativa otimista de que até janeiro o quadro geral poderia, quem sabe, evoluir para melhor; lastreando essa última hipótese, havia as informações de conceituados militares negando a pressão das bases para constranger a Câmara.

Todavia, nas entrelinhas da conversa conciliatória do presidente da República com os deputados, era possível perceber um conteúdo diverso. Assim, por exemplo, Costa e Silva não perdeu a oportunidade de tecer os maiores elogios ao general Albuquerque Lima, praticamente estabelecendo uma analogia entre o momento crítico que atravessavam e a situação configurada em outubro de 1965 quando ele próprio, Costa, dialogara com a oficialidade jovem. Albuquerque Lima estaria cumprindo papel semelhante.

Era evidente a intimidação contida na rememoração desse episódio, que precedera a promulgação do AI-2.

Correlatamente, apesar dos louvores ao general, o presidente não esquecia de acrescentar que o debate sucessório se abrira um tanto prematuramente.

De fato, de acordo com o § 3º do artigo 77 da Carta de 1967 que fixara o tempo do mandato presidencial em quatro anos e o corpo do mesmo artigo que determinava que a eleição (pelo Congresso) se realizasse no dia 15 de janeiro do ano em que ele findasse, a gestão Costa e Silva, iniciada em 15 de março de 1967, devia estender-se até 15 de março de 1971, quando entregaria a presidência ao seu sucessor, escolhido em 15 de janeiro desse mesmo ano. Não havendo ainda cumprido sequer metade do seu mandato, o marechal considerava precipitada a discussão da matéria.

Por sua vez, o general Albuquerque Lima, alertado pela advertência, passava a adotar uma conduta mais contida, esquivando-se até de homenagens que lhe seriam prestadas por grande número de oficiais das três Armas.

De qualquer forma, ao levar em tanta conta o estado de espírito da Vila Militar, o presidente apontava na direção do endurecimento.

Houvera, é verdade, uma espécie de entendimento verbal com o grupo de deputados. Logo em seguida, porém, certamente sensibilizado por aconselhamento diverso, o governo mudava de idéia. Não se tratava de diminuir o intervalo entre o anúncio do parecer da comissão e a decisão do plenário? Pois então a comissão se manifestaria imediatamente (já se estava nos últimos dias de novembro) e o plenário votaria até o dia 30. E principalmente seriam substituídos, como já fora aventado, os arenistas rebeldes.

Tal era o empenho do ministro da Justiça em obter a licença para o processo, que paradoxalmente já começava a correr a versão (generalizadamente repelida) de que ele *tinha* que cumprir essa tarefa, justamente para evitar que fosse suprimido o poder civil.

No dia 29 de novembro conseguia-se obstruir a discussão e votação do parecer na Comissão de Justiça da Câmara. Em revide, o governo convocava extraordinariamente o Congresso para o dia 1º de dezembro.

A substituição de integrantes da comissão por outros considerados mais dóceis repercutia muito mal e o presidente dela, arenista como os destituídos e da mesma forma que eles contrário à licença para o processo, denunciava o arbítrio e o agravo às instituições. A Arena se cindia, entrando uma ala em franco antagonismo com o ministro da Justiça, instrumento do dispositivo militar-repressivo.

O governo, por sua vez, já admitia abertamente o confronto com o Legislativo. Assim, no curso de uma recepção aos congressistas, o presidente, ao pronunciar um rápido discurso, aproveitou o ensejo para se referir às sessões intermináveis da Câmara, reprovando ainda as lideranças paralelas, numa alusão à Arena.

Por outro lado, o clima de entusiasmo cívico em meio ao qual se desenrolara a manobra do dia 29 de novembro, quando a Comissão de Justiça se insurgira contra a inceitável pressão para que votasse imediatamente, aumentava a esperança de uma vitória no Congresso durante a votação no plenário. Nessas condições, já não havia por que opor-se ao cronograma acelerado do governo.

Paralelamente o terrorismo repressivo continuava a ser praticado, registrando-se mesmo casos de pessoas raptadas até em filas de ônibus.

No concernente à crise parlamentar, à medida que se evidenciava que a licença não seria concedida, cresciam os rumores sobre a promulgação de um ato institucional, em represália.

Constava que a decisão resultara de entendimento do ministro da Justiça com os grupos extremados, pois aparentemente a grande maioria das Forças Armadas não se inclinava a avalizar as imposições sobre o Congresso. E os oficiais contatados pelas lideranças parlamentares asseguravam-lhes que a Câmara podia votar livremente, sem se sentir ameaçada.

Para que não pairasse a impressão de que havia divergências internas no Exército (com alguns comandos pretendendo coagir o Congresso e outros não), o ministro da respectiva pasta expedia uma nota na qual, embora deixando claro o interesse em conseguir o que fora solicitado, proclamava a soberania da Câmara dos Deputados, acrescentando que o Exército aguardava, consciente de suas "responsabilidades constitucionais", que os "poderes competentes" se manifestassem.

Diversamente, o ministro da Aeronáutica era mais franco no seu documento. Quanto ao ministro Rademaker, da Marinha, evitava expor-se, pois o almirantado já reprovara o fato de haver ele subscrito a representação do ministro do Exército, através da qual se deflagrara a crise.

Os parlamentares se indagavam sobre a conseqüência da recusa à concessão da licença. O presidente, porém, se negava terminantemente a examinar tal hipótese, por considerá-la absurda.

E para que não persistisse a impressão de que o governo animava a Câmara a decidir livremente, eram expedidas duas novas notas oficiais, uma da Presidência da República e outra do Exército, nas quais essa Casa era advertida de que se esperava a punição do deputado pela ofensa que praticara.

Contudo, retomando seus contatos com chefes militares, os dirigentes partidários se convenciam cada vez mais de que, embora todos repelissem o teor do discurso erigido em pivô da crise, achavam excessiva a importância que lhe fora atribuída, a ponto de se agredirem as instituições caso o deputado em pauta não fosse expurgado. A pressão provinha efetivamente da minoria extremada, articulada com o ministro da Justiça. Aos políticos cabia portanto resistir, contrapondo-se a tal tipo de coação, mesmo porque não fazê-lo e submeter-se redundaria em automático aviltamento.

O governo prosseguia no aliciamento de deputados, convocando-os a estar presentes em Brasília a fim de votar pela concessão da licença para processar o deputado. Gama e Silva, em entrevista, reiterava que se a Câmara votasse em sentido contrário estaria demonstrando sua conivência com a injúria às Forças Armadas.

De sua parte, a resistência parlamentar procurava cooptar as dissidências estaduais da Arena, que reagiam ao jugo da facção dominante no âmbito regional. De qualquer forma, tal era o esforço que o governo tinha que empreender, que se intensificava a convicção de que nada realmente aconteceria se a Câmara negasse a licença solicitada.

Os três ministros militares eram esperados para acompanhar a votação.

No dia 10 de dezembro era votado o parecer da Comissão de Justiça, composta de forma a favorecer o governo. Em clima de grande emoção, o presidente dela, arenista, solidário com os deputados substituídos, renunciava ao cargo, pronunciando um discurso repassado de civismo e emoção, ao fim do qual foi aplaudido de pé.

Com a perspectiva de vitória no plenário, os deputados já consideravam as represálias que adviriam. Não lhes parecia que se chegasse ao fechamento do Congresso. O mais provável, segundo acreditavam, seria a promulgação de um ato adicional suprimindo a prerrogativa constante do § único do art. 151 da Carta de 1967, pela qual o processo de titulares de mandato eletivo federal dependia "de licença da respectiva Câmara, nos termos do artigo 34, § 3º". Não obstante, havia rumores referentes à edição de um novo ato institucional. Procurando contrapor-se a essa ameaça, próceres arenistas de formação jurídica argumentavam que, estando vigente a Constituição de 1967, esgotara-se o poder constituinte revolucionário do movimento de março, e retomá-lo representaria um golpe.

O ambiente do país era de franca contestação ao regime. Em Belo Horizonte, por exemplo, o clero católico e os fiéis se uniam todos de forma espetacular em torno do arcebispo, em solidariedade a quatro sacerdotes presos.

E então, no dia 12 de dezembro, a Câmara dos Deputados fazia sua histórica votação, recusando a licença para processar o deputado[38].

Era uma votação pelo estado de direito e em defesa da instituição parlamentar, e contra o ministro da Justiça e os extremados, partidários do endurecimento, condenado aliás pelos setores mais expressivos das Forças Armadas[39].

O AI-5

À euforia do dia 12 seguiu-se a imediata mobilização de generais, já em expectativa, e que pressionavam o presidente da República através do ministro do Exército. A decisão da Câmara não era acatada.

E assim, no dia seguinte ao da votação, o Conselho de Segurança Nacional se reunia para proceder ao aprofundamento da ditadura, através do Ato Institucional n. 5 baixado nessa mesma data, 13 de dezembro de 1968.

O vice-presidente da República, Pedro Aleixo, que já vinha se mostrando preocupado com as investidas sobre o Legislativo, ainda relutou (tal como Milton Campos às vésperas do AI-2) optando pelo estado de sítio para enfrentar a crise, mas foi vencido.

---

38. Quanto ao processo do deputado Hermano Alves, só no dia 19 de novembro recebido pelo presidente da Câmara, dadas as circunstâncias não chegou a ser examinado pela Comissão de Justiça, onde se encontrava. Mas de qualquer forma a Câmara, pela sua atuação, já demonstrara que a licença para a formação de culpa não seria concedida.

39. V. Carlos Castello Branco, *Os Militares no Poder*, vols. 1 e 2, Rio de Janeiro, Nova Fronteira, 1977 e 1978 respectivamente. Nessas cerca de 1.200 páginas, valioso repositório de informações fidedignas, estão reunidos os artigos políticos que o autor publicou diariamente no *Jornal do Brasil*, entre 4 de abril de 1964 e 14 de dezembro de 1968.

Cerca de cem parlamentares não tardavam a ser atingidos pelos expurgos, cuidando os mais visados de asilar-se. Carlos Lacerda perdia os direitos políticos. O general Pery Bevilacqua era compulsioriamente afastado de suas funções no Superior Tribunal Militar. Também se alcançava o Supremo Tribunal Federal na figura de três eminentes ministros seus. O *Correio da Manhã*, colocado na mira, via-se sufocado economicamente.

O AI-5 e o fechamento do Congresso eram justificados pelo ministro Gama e Silva com a alegação de que

> várias fontes de informação testemunham inequivocamente que a guerra revolucionária e seus atos de subversão vinham crescendo cada vez mais, até atingir mesmo o próprio Parlamento Nacional, através do comportamento de membros do partido do governo que tinham a responsabilidade de defender no Congresso Nacional a Revolução de março de 1964.

O arcabouço fundamental da nova ordem fora traçado na Constituição de 24 de janeiro de 1967, com vigência a partir de 15 de março desse ano. Tal Carta, elaborada a toque de caixa, cujas heresias jurídicas tanto haviam chocado a opinião e cuja reforma não se admitia, seria agora modificada no sentido de explicitar o seu verdadeiro espírito, seja pelo acréscimo daquilo que não se ousara registrar seja pela supressão do que fora incluído meramente pela atenção devida à existência de um corpo constituinte congressual.

Embora insatisfatória para os desígnios do regime, essa Carta fora suficientemente intolerável no concernente às aspirações democráticas. E nesse meio tempo (1967 e 1968), enquanto através de artifícios e provocações se estimulava a emergência de uma situação que o poder caracterizava como de "ingovernabilidade" e "guerra revolucionária", o dispositivo militar e repressivo se instrumentava adequadamente para os objetivos em vista.

O Ato Institucional n. 4 de 7 de dezembro de 1966, que convocara o Congresso para votar a nova Constituição, atribuíra a esta a tarefa de "assegurar a continuidade da obra revolucionária".

No preâmbulo do AI-5 os ministros signatários lembravam essa passagem para verberar o fato de tais expectativas se haverem frustado.

No entender deles,

atos nitidamente subversivos oriundos dos mais distintos setores políticos e culturais comprovam que os instrumentos jurídicos que a Revolução vitoriosa outorgou à Nação para sua defesa, desenvolvimento e bem-estar do seu povo estão servindo de meios para combatê-la e destruí-la.

O corolário era a adoção de medidas tendentes a preservar

a ordem, a segurança, a tranqüilidade, o desenvolvimento econômico e cultural e a harmonia política e social do país, comprometidos por processos subversivos e de guerra revolucionária.

Em 24 de janeiro e 15 de março de 1967 fora definitivamente descartada a Constituição de 1946. Agora era a do regime que sofria acréscimos ou supressões, conforme o caso.

Art. 1º São mantidas a Constituição de 24 de janeiro de 1967 e as Constituições estaduais, com as modificações constantes deste Ato Institucional.

Pelo art. 151 da Carta de 1967, aquele que "abusasse" dos direitos individuais de expressão e associação, bem como dos direitos políticos, incorria na perda destes últimos direitos *pelo prazo de dois a dez anos*, declarada pelo Supremo Tribunal Federal mediante representação ao procurador-geral da República, *assegurada ao paciente a mais ampla defesa*. Pelo § único desse mesmo artigo, quando se tratasse de titular de mandato eletivo federal, o processo dependeria de licença da respectiva Casa.

O art. 4º do AI-5 modificava essas disposições, retroagindo ao Ato de 9 de abril de 1964 e ao AI-2 de 27 de outubro de 1965.

Art. 4º No interesse de preservar a Revolução, o presidente da República, ouvido o Conselho de Segurança Nacional, e sem as limitações previstas na Constituição, poderá suspender os direitos políticos de quaisquer cidadãos *pelo prazo de 10 anos* e cassar mandatos eletivos federais, estaduais e municipais.

Além de alterar-se o prazo de privação dos direitos políticos, deixava de ser "assegurada ao paciente a mais ampla defesa". E também desaparecia a prerrogativa pela qual os parlamentares federais só poderiam ser processados com licença da Casa à qual pertencessem. Essa prerrogativa, depois de animar os políticos à contestação, servira de pretexto à agressão do Executivo ao Congresso quando este a defendeu. Agora era formalmente suprimida.

Apesar de haver terminado em 15 de março de 1967 a vigência do AI-2, seu artigo 16 continuara a ser aplicado, embora debaixo de protestos.

Avalizando essa prática, o corpo do artigo 5º do AI-5 reproduzia esse texto, com base no qual era vedada aos cassados a manifestação sobre assuntos de natureza política, sujeitando-os ainda às chamadas "medidas de segurança" entre as quais se incluía o "domicílio determinado" (confinamento).

Intensificando a severidade, eram acrescentados dois parágrafos. O § 1º, nos moldes da Lei de Segurança Nacional que punia os que a infringissem com demissão de emprego público ou empresa privada, estabelecia que a suspensão dos direitos políticos poderia acarretar

restrições ou proibições relativamente ao exercício de quaisquer outros direitos públicos ou privados.

Essa restrição podia, por exemplo, atingir o direito de viajar – ou de trabalhar.

O § 2º reforçava o arbítrio do ministro da Justiça.

Com efeito, pelo § único do art. 2º do Ato Complementar n. 1 de 27 de outubro de 1965, a aplicação das medidas de segurança era passível de ser questionada através de apelação ao Tribunal Federal de Recursos.

Agora o § 2º do art. 5º do AI-5 estabelecia que as medidas de segurança seriam

aplicadas pelo ministro de Estado da Justiça, *defesa a apreciação do seu ato pelo Poder Judiciário.*

Com respeito ao funcionalismo civil e militar o arbítrio voltava a ser total, nos moldes do primeiro ato institucional e do AI-2.

Assim, o AI-5 determinava:

Art. 6º Ficam suspensas as garantias constitucionais ou legais de: vitaliciedade, inamovibilidade e estabilidade, bem como a de exercício em funções por prazo certo.
§ 1º O presidente da República poderá, mediante decreto, demitir, remover, aposentar ou pôr em disponibilidade quaisquer titulares das garantias referidas neste artigo, assim como empregados de autarquias, empresas públicas ou sociedades de economia mista, e demitir,

transferir para a reserva ou reformar militares ou membros das polícias militares, assegurados, quando for o caso, os vencimentos e vantagens proporcionais ao tempo de serviço.

O artigo 152 da Carta de 1967, que tratava do estado de sítio, permitia nessa circunstância a adoção, entre outras, das seguintes medidas coercitivas, constantes das alíneas *d* e *e* do § 2º:

> d) suspensão da liberdade de reunião e de associação;
> e) censura de correspondência, da imprensa, das telecomunicações e diversões públicas.

Pelo art. 9º do AI-5, e sem que se fizesse qualquer referência à situação de estado de sítio, o presidente da República era autorizado a adotar

> se necessário à defesa da Revolução, as medidas previstas nas alíneas *d* e *e* do § 2º do art. 152 da Constituição.

O art. 10 do AI-5 *suspendia a garantia de habeas-corpus* nos casos de "crimes políticos contra a segurança nacional".

O art. 11 reiterava:

> Excluem-se de qualquer apreciação judicial todos os atos praticados de acordo com este Ato Institucional e seus Atos Complementares, bem como os respectivos efeitos.

O art. 2º possibilitava a decretação do recesso do Congresso Nacional por ato complementar, "em estado de sítio ou fora dele", até que o presidente da República se decidisse a convocá-lo novamente. E foi de fato o que ocorreu, sendo o Congresso posto em recesso por tempo indeterminado pelo Ato Complementar n. 38.

O § 1º do mesmo artigo 2º estabelecia que durante o recesso parlamentar o Poder Executivo ficava autorizado a legislar sobre todas as matérias.

Com os cidadãos acuados e o Congresso fechado, a administração se livrava de uma série de dificuldades. Assim, por exemplo, a diminuição da parte da receita que cabia aos Estados, a fim de favorecer a União, deixava de representar problema ou levantar resistências. No dia 18 de dezembro, em entrevista à imprensa, o ministro da Fazenda declarava que o AI-5 permitiria "tomar as medidas necessárias no sentido de reduzir o déficit do

Tesouro e conter o processo inflacionário". Na mesma linha, em exposição feita na Escola Superior de Guerra no dia seguinte, Costa e Silva afirmava que o governo teria com o AI-5 melhores condições para executar seu programa econômico[40].

No dia 1º de fevereiro de 1969 era promulgado o Ato Institucional n. 6.

Pelo art. 1º eram modificados os artigos 113, 114 e 122 da Constituição de 1967.

O Supremo Tribunal Federal voltava a ser composto de 11 ministros e não de 16, como no AI-2 e na Carta. E no caso de julgamento de civis pela Justiça Militar, era eliminado o recurso para o Supremo Tribunal Federal, exceto quando os acusados fossem governadores de Estado e seus secretários.

Havia também que colocar sob controle a própria corporação militar, afastando elementos incômodos e simultaneamente mantendo acesa a chama do militarismo, em decorrência da própria indignação das bases.

Ao tempo do presidente Castello Branco, o coronel Boaventura Cavalcanti, de raiz lacerdista, fora meramente admoestado quando defendera a "verdadeira revolução". Agora, numa nova etapa e com o regime tendo contra si a Nação toda, ele era processado e expulso, com bastante publicidade. A essa altura, o general Moniz de Aragão, antilacerdista, também já representava um problema. Pertencente ao grupo dos extremados, considerava-se investido de títulos especiais dada a sua condição de expoente do castelismo histórico – o que justamente o candidatava ao ostracismo, embora o processo fosse na verdade conduzido pelo castelismo. Pois a ninguém a cúpula realmente dominante permitiria a reivindicação de prerrogativas, cumprindo alijar aqueles que se julgassem com direito a elas.

Agastado e percebendo que todos já estavam sendo assemelhados do ponto de vista dos dirigentes, o general comunicou ao ministro Lyra Tavares o seu protesto contra o agravo feito ao coronel, com o qual se solidarizava em nome do Exército. Em nova carta, de 17 de junho, ia mais longe:

> Os oficiais das Forças Armadas, porque se julgam responsáveis pelo regime revolucionário, entendem que têm o direito e o dever não só de fiscalizar e apreciar os atos do governo que imaginam sua criatura, como até de afastá-lo se dele discordarem.

40. *Apud* Hélio Silva, *Os Governos Militares*, *op. cit.*, p. 88.

O desfecho foi a exoneração do general Moniz de Aragão do seu cargo de chefe do Departamento de Provisão Geral do Exército[41].

As escaramuças prosseguiam também no âmbito civil.

Em São Paulo, por exemplo, o governador Abreu Sodré, mais uma vez provocado, era surpreendido em 29 de abril de 1969 com a invasão da sua órbita administrativa pelo ministro Gama e Silva, que expurgava cerca de vinte professores da Universidade de São Paulo[42].

Os extremados haviam vencido e espalhavam pelo país centros de tortura em cujas malhas colhiam principalmente a fina flor da juventude que sonhava com um Brasil melhor. Não suportando assistir impassível a esse massacre, a população em geral evidentemente não se eximia de pelo menos tentar proteger os perseguidos. Esse tipo de atividade humanitária passava por sua vez a ser encarado como de "cumplicidade com a subversão", ampliando-se sem cessar, por essa forma, o contingente de pessoas marcadas pela repressão e com freqüência também sujeitas à tortura, que já se tornava corriqueira. Correlatamente, o regime respondia ao crescente inconformismo ante a barbárie com o incremento das práticas repressivas e dos organismos a elas dedicados[43].

E agora, com o terror instalado, as ações armadas de contestação se multiplicavam, a título de desafio que fosse – pois a passividade se tornara intolerável.

A certa altura, considerando a situação insustentável, o presidente Costa e Silva se viu tentado a promover um desafogo. O recesso parlamentar se encerraria e ele voltaria a governar com a Constituição, embora modificada de forma a incorporar algumas disposições constantes do AI-5, mas provavelmente devolvendo a garantia do *habeas-corpus*.

A cúpula porém sabia que, dada a pujança das manifestações há pouco sufocadas, a única estratégia aplicável (tal como num país ocupado) era a repressão. Qualquer abrandamento poderia fazer explodir o sistema, trazendo à tona as tensões e rei-

---

41. Cf. Hélio Silva, *Os Governos Militares*, op. *cit.*, p. 99.
42. Não tardava e era criada em São Paulo o que se designou, "homenageando" a decantada iniciativa paulista com tenebroso sarcasmo, como Operação Bandeirantes (Oban).
43. Às vezes os métodos eram "simplificados", como no caso do assassinato em maio de 1969, no Recife, de um padre colaborador de dom Hélder Câmara.

vindicações subjacentes. O país ainda não estava suficientemente domesticado para a futura abertura lenta, gradual e principalmente segura.

O impedimento de Costa e Silva e a nova sistemática da sucessão presidencial

E então sobreveio a doença do presidente, no dia 29 de agosto. No dia 30 reunia-se o Alto Comando das Forças Armadas, composto dos ministros militares, dos chefes de Estado-Maior das três Armas e do chefe do Estado-Maior das Forças Armadas, general Orlando Geisel; o chefe da Casa Militar da Presidência, general Portella, que não tinha direito a voto, secretariava a reunião. Na oportunidade ficou confirmado que não se daria posse ao vice-presidente Pedro Aleixo[44].

Este, que se encontrava em Brasília, era no dia 31 chamado ao Rio onde o informaram da decisão. Não era de estranhar, à vista das circunstâncias: Pedro Aleixo, que chegara a elogiar até a hipertrofia do Executivo, já havia atingindo o seu limite quando desestimulara em 1968 o conflito com o Congresso; em seguida fora contrário à decretação do AI-5; e mais recentemente colaborara na tentativa presidencial visando a um ligeiro abrandamento do regime. Esses argumentos facilitavam a operação que, evidentemente, tinha razões mais fortes.

No mesmo dia 31 de agosto de 1969 era editado o Ato Institucional n. 12, pelo qual os ministros da Marinha de Guerra, do Exército e da Aeronáutica Militar comunicavam à Nação que o presidente da República Marechal Arthur da Costa e Silva estava temporiariamente impedido do exercício pleno de suas funções e que lhes cabia, "como imperativo da segurança nacional", assumir durante o período de tratamento médico as funções a ele atribuídas.

Assim, a linha sucessória presidencial era estabelecida por uma típica decisão de cúpula, e alguns comandantes se ressentiram pelo motivo de não haverem sido consultados, deixando claro que se sujeitavam a "fatos consumados" como esse apenas para evitar a divisão das Forças Armadas.

---

44. V. Carlos Chagas, *113 Dias de Angústia: Impedimento e Morte de um Presidente*, Porto Alegre, L&PM, 1979. O autor foi secretário de imprensa do presidente Costa e Silva.

É dentro desse ambiente político conturbado que ocorre no dia 4 de setembro o seqüestro do embaixador norte-americano Charles Burke Elbrick, a ser trocado por quinze valorosos presos políticos; a libertação do embaixador se daria depois da divulgação de um manifesto pela imprensa, rádio e televisão, e do desembarque dos quinze no México, e em segurança.

Uma vez obtido o asilo político para os exilados, eram publicados no *Diário Oficial da União* de 9 e 10 de setembro os textos dos Atos Institucionais de números 13 e 14 respectivamente, datados ambos de 5 de setembro, de maneira a configurar uma represália imediata ao seqüestro[45].

O AI-13 abria no seu art. 1° a possibilidade de banimento do território nacional para

o brasileiro que, comprovadamente, se tornar inconveniente, nocivo ou perigoso à Segurança Nacional.

O AI-14 ampliava a pena de morte para além das situações abrangidas pela legislação militar aplicável em caso de guerra externa, e reiterava a de banimento.

No preâmbulo do AI-14, vazado na habitual linguagem virulenta e rebarbativa, lia-se:

Considerando-se que atos de Guerra Psicológica Adversa e de Guerra Revolucionária ou Subversiva que, atualmente, perturbam a vida do país e o mantêm em clima de intranqüilidade e agitação devem merecer a mais severa repressão;

Considerando que a tradição jurídica brasileira, embora contrária à pena capital ou à prisão perpétua, admite a sua aplicação na hipótese de guerra externa, de acordo com o direito positivo pátrio, consagrado pela Constituição do Brasil, que ainda não dispõe, entretanto, sobre a sua incidência em delitos decorrentes da Guerra Psicológica Adversa ou da Guerra Revolucionária ou Subversiva;

Considerando que aqueles atos atingem, mais profundamente, a Segurança Nacional, pela qual respondem todas as pessoas naturais e jurídicas, devendo ser preservada para o bem-estar do povo e o desenvolvimento pacífico das atividades do País, resolvem editar o seguinte Ato Institucional.

45. Encarniçando-se no revide, o chefe do esquadrão da morte em São Paulo lograria armar a cilada em decorrência da qual tombou, no início de novembro de 1969, Carlos Marighella.

Tratava-se de modificar o art. 150 da Carta de 1967, que arrolava os direitos e garantias individuais, e cujo § 11 determinava:

> Não haverá pena de morte, de prisão perpétua, de banimento nem de confisco. Quanto à pena de morte, fica ressalvada a legislação militar aplicável em caso de guerra externa.

Agora, pelo art. 1º do AI-14, o referido § 11 passava a vigorar com a seguinte redação:

> Não haverá pena de morte, de prisão perpétua, de banimento ou confisco, salvo nos casos de Guerra Externa, Psicológica Adversa, ou Revolucionária ou Subversiva nos termos que a lei determinar.

Com Costa e Silva – que de qualquer forma se tornara incômodo – impedido e Pedro Aleixo descartado, o grande problema imediato para o grupo que detinha o poder era o de promover rapidamente a sucessão presidencial, aproveitando o ensejo para estabelecer regras que lhe permitissem manter o controle da situação.

Quando se atropelara a disposição constitucional com o alijamento do vice-presidente Pedro Aleixo e a subseqüente tomada de poder pela Junta, ouviram-se no meio militar protestos pelo fato de haver a solução adotada decorrido do exclusivo arbítrio de uma estreita cúpula.

A conduta se alterava na etapa que se abria, pois convinha dar à nova operação, encaminhada no sentido de indicar uma candidatura militar única e predeterminada, a aparência de decisão resultante de ampla consulta às Forças Armadas, erigidas em colégio eleitoral.

Albuquerque Lima, apesar de não haver alcançado o topo da hierarquia, pois era ainda general-de-divisão, já despontava como candidato havia um bom tempo, pelo menos desde a época em que a sua pregação militarista fora instrumentalizada para acirrar o conflito que culminara na promulgação do AI-5.

Em setembro, estando o presidente impedido e não se antevendo para o civilismo qualquer perspectiva, passou a ser pragmaticamente encarado pelos políticos nacionalistas como um candidato merecedor de simpatia. Simultaneamente, enquanto através da defesa pública de suas idéias o general atuava no sentido de transformar-se num candidato "popular", eram efetuados no correr do mês expurgos intimidadores no meio político.

A sistemática "eleitoral" a ser proposta liquidaria as suas chances.

No dia 15 de setembro reunia-se no Rio de Janeiro o Alto Comando do Exército, que encarregava uma comissão composta dos generais Antonio Carlos Muricy, Garrastazu Médici e Bizarria Mamede de traçar as normas do processo sucessório.

Ficou decidido que o novo presidente seria o general do Exército mais votado num pleito controlado e apurado pelo Alto Comando das Forças Armadas, pleito esse que teria como eleitores generais, almirantes e brigadeiros, cada um deles devendo apontar três nomes de generais.

Na Aeronáutica os votos se distribuíram entre Garrastazu Médici, Orlando Geisel e Albuquerque Lima. Na Marinha, porém, o almirantado, antipático a Rademaker, votou maciçamente em Albuquerque Lima, ficando Médici e Muricy com uns poucos votos.

Quanto ao Exército, o ministro da pasta solicitou aos quatro comandantes que reunissem os generais sob suas ordens nas respectivas sedes, onde votariam, sem terem que se deslocar para o Rio de Janeiro.

Ocorreu então que em algumas unidades do Rio a oficialidade jovem foi consultada, ficando confirmada sua disposição de votar no general Albuquerque Lima se tivesse o direito de fazê-lo, o que no entanto não era o caso.

E assim, de acordo com as regras estabelecidas, resultaram os nomes de Médici, Orlando Geisel e Muricy como os três mais votados[46]. O general Médici, ex-chefe do SNI e comandante do III Exército, não apenas fora o primeiro colocado no cômputo global, como recebera votos das três corporações militares. Esboroava-se a candidatura Albuquerque Lima.

Sufocamento das divergências dentro das Forças Armadas e homologação do nome de Garrastazu Médici

No dia 2 de outubro Albuquerque Lima dirigia uma carta ao ministro do Exército, general Lyra Tavares, na qual contestava a heterogeneidade dos critérios eleitorais adotados, o que lhe parecia muito sério,

46. Cf. Carlos Chagas, *113 Dias de Angústia*, op. cit.

sobretudo no instante em que as Forças Armadas assumem perante a Nação a grave responsabilidade da escolha de um nome para ocupar o cargo de presidente da República.

Observava que o comandante do I Exército e seus generais haviam ouvido as bases e sintetizado a opinião de suas guarnições; já outros não haviam querido consultar seus comandados e outros ainda, depois de fazê-lo, não haviam transmitido as opiniões deles, frustrando-os. Por que não haviam todos os Exércitos se orientado pelas mesmas normas adotadas pelo comandante do I Exército?

Mencionava o apoio expressivo que recebera dos almirantes bem como o de numerosos generais e outros oficiais, ressaltando especialmente as manifestações havidas nas guarnições militares,

oriundas dos sentimentos de puro idealismo dos nossos oficiais – jovens e mais idosos – em torno das idéias revolucionárias que sempre defendemos, em termos de realizações e programas.

Considerava-se "ungido pelas demonstrações de apreço" recebidas dos seus pares e dos demais oficiais. Divergia "das soluções impostas e dadas como fatos consumados" e se sentia intérprete dos anseios da maioria das Forças Armadas.

Todavia não se rebelava, pois não concordava "com ultrapassamentos de baixo para cima" mesmo porque julgava que ninguém poderia

realizar um programa de governo realmente revolucionário e nacionalista se não obtiver o apoio dos chefes e também dos comandos das três Forças Armadas.

Cópia dessa carta ao ministro foi remetida pelo general Albuquerque Lima ao general Médici, acompanhada de outra na qual explicava que não se tratava de uma questão pessoal, e que a crítica visava apenas ao método eleitoral adotado.

Já o manifesto lançado na mesma data pelo almirante Ernesto de Melo Batista (que fora ministro no governo Castello Branco, havendo se demitido) teve um cunho mais contundente.

Insurgia-se o almirante contra a escolha para presidente de um dos três generais mais votados, ponderando que, sob a responsabilidade das Forças Armadas, a sucessão estava na verdade sendo decidida por um colégio eleitoral de 107 generais-de-exército. Parecia-lhe visível a vinculação dos militares indicados à "Junta Militar que tomou o poder de fato", o que configurava a instalação do continuísmo. Em suma, selecionava-se um presidente, embora em nome das Forças Armadas,

> à revelia dos sentimentos das tropas, mantidas à distância pelo semi-segredo da operação em todos os seus desenvolvimentos e à custa de decisões tomadas em reuniões secretas da cúpula de uma Arma.

Chefes militares que apesar de se encontrarem na reserva eram representativos da revolução de 1964 haviam sido simplesmente ignorados, o mesmo ocorrendo com figuras expressivas do mundo civil.

Mas o mais criticável era a falta de um programa mínimo que assegurasse um eficiente plano de desenvolvimento econômico.

E no entanto a adoção desse programa se impunha.

Traçando um quadro da conjuntura nacional, que qualificava de extremamente séria, o almirante Melo Batista destacava:

• a situação econômico-financeira, agravada por uma política distorcida que tornava a União cada vez mais rica e o povo cada vez mais pobre;

• a descapitalização da iniciativa privada, com número crescente de falências, concordatas, protestos, transferência de controle acionário de indústrias básicas para grupos estrangeiros;

• o empobrecimento alarmante da agricultura e do povo a ela ligado;

• a amargura nos meios operários, submetidos a um custo de vida muito superior em elevação ao aumento de salários;

• o processo de pré-guerra revolucionária (*sic*) que encontrava receptividade no desespero da população;

• a insatisfação nos meios estudantis, apenas contida no momento pela prisão ou exílio dos líderes;

• a eliminação dos quadros políticos e das lideranças populares, não apenas por imperativo do processo revolucionário, mas simplesmente para facilitar o controle estadual por parte de determinados grupos;

• a desmoralização e marginalização proposital dos políticos, de forma a entregar o governo da Nação exclusivamente aos militares.

Em conseqüência, "o povo insatisfeito ou inatendido" se apartava cada vez mais das Forças Armadas, que já agora teminavam por se tornar "ostensivamente responsáveis" pela condução do país.

E apesar disso, na tomada de decisão inicial, não se havia cuidado de somar, bem pelo contrário. Generais, almirantes e brigadeiros do maior prestígio e representatividade haviam sido deixados de lado, bem como líderes políticos, incluindo governadores.

Ao invés de uma "política de círculos ampliados e crescentes" era adotada pelo Alto Comando do Exército e pelo Alto Comando das Forças Armadas uma outra, de "círculos minguantes", pela qual a opinião pública deixava de se pronunciar com o seu "peso real".

Isto posto, o almirante Melo Batista propunha o reexame do problema eleitoral e o adiamento da reunião do Alto Comando, com vistas "à busca de uma solução de unidade". Acrescentava que suas ponderações refletiam o pensamento de

numerosos colegas da Marinha, do Exército e da Aeronáutica, assim como de personalidades expressivas do meio civil – todos altamente preocupados com a evolução dos acontecimentos.

Cumpria primeiro contornar o protesto do general Afonso de Albuquerque Lima. Manifestando-se quanto à carta que dele recebera acompanhando a cópia da que fora enviada ao ministro do Exército, Médici lhe enviava mensagem. Nesse documento informava que radiografara ao general Orlando Geisel, chefe do Estado-Maior das Forças Armadas, reafirmando que não desejava ter seu nome indicado pelo Alto Comando, principalmente quando surgia a contestação dele, Albuquerque Lima, que declarava contar com o apoio de numerosos generais e almirantes. Em imediata resposta por telegrama, o destinatário reiterava que se limitara a criticar o processo de consulta, sem fazer qualquer restrição ao nome do general Médici; ao mesmo tempo sublinhava sua disposição de "evitar qualquer maior divisão nas Forças Armadas".

A situação estava sob controle. No dia 6 de outubro o Alto Comando das Forças Armadas se reunia e no dia seguinte os ministros militares expediam uma nota informando que o general-de-exército Garrastazu Médici fora escolhido por unanimidade candidato à substituição do presidente Costa e Silva, aquiescendo "em aceitar a convocação, considerando-a como missão a ser cumprida". Uma vez indicado, Médici convidava o ministro da Marinha, Augusto Rademaker, para a vice-Presidência[47]. Não

---

47. Cf. Hélio Silva, *Os Governos Militares*, op. cit., cap. XIII, "Sucessão de Costa e Silva".

deixava de ser uma composição, embora ambígua, dadas as dificuldades do ministro com o almirantado, cuja maior parte não votara no futuro presidente; talvez por esse motivo somente no dia 10 de outubro Rademaker confirmou sua aceitação.

No dia 15 de outubro de 1969 o *Diário Oficial da União* publicou dois atos institucionais, de números 16 e 17, datados ambos de 14 de outubro.

O AI-17, invocando no seu preâmbulo os princípios da hierarquia e da disciplina norteadores da organização das Forças Armadas, estabelecia no seu art. 1º:

> O presidente da República poderá transferir para a reserva, por período determinado, os militares que hajam atentado ou venham atentar, comprovadamente, contra a coesão das Forças Armadas, divorciando-se por motivos de caráter conjuntural ou objetivos políticos de ordem pessoal ou de grupo, dos princípios basilares e das finalidades precípuas de sua destinação constitucional.

A punição era apresentada como branda e precipuamente destinada a advertir ativos participantes do movimento de 1964 que se haviam colocado em divergência com a cúpula, conduta essa que se presumia transitória. Era o que se depreendia do parágrafo único do referido artigo 1º:

> A sanção prevista neste artigo aplicar-se-á quando, em face dos antecedentes, do valor próprio e dos serviços prestados à Marinha, ao Exército, à Aeronáutica e à Revolução, for de presumir-se que o militar assim punido possa vir a reintegrar-se no espírito e nos deveres próprios da instituição militar.

Atingido pela primeira aplicação do AI-17, o almirante Melo Batista, autor do manifesto contra o sistema "eleitoral" adotado, era punido com a transferência para a reserva pelo período de um ano.

O AI-16 se referiu à necessidade de promover a substituição do presidente Costa e Silva e determinava a maneira de realizá-la.

No preâmbulo se relatava estar o marechal impedido para o pleno exercício do cargo, embora lúcido. Um laudo médico de 25 de setembro confirmado por novo laudo de 4 de outubro levara a concluir que, mesmo que o presidente se recuperasse a ponto de reassumir suas funções, tal solução não era recomendável por expô-lo a situações de *stress*, visto que a conjuntura nacional impunha "encargos cada vez mais pesados ao Chefe do Poder Executivo". Havia pois que promover o preenchimento imediato, em caráter permanente, do cargo de presidente da República, e mesmo o próprio marechal Costa e Silva teria externado o desejo de ser substituído.

Em conseqüência, o art. 1º do AI-16 declarava a vacância do cargo de presidente da República, por estar seu titular inabilitado para exercê-la em razão de sua enfermidade.

Quanto ao vice-presidente, que fora impedido de assumir, o art. 2º declarava vago também o seu cargo. O mesmo artigo suspendia a vigência do art. 80 da Constituição de 1967 enquanto não fossem eleitos e empossados o novo presidente e seu vice.

Na verdade, a vigência do art. 80 já havia sido suspensa de fato. Ao ser vetado o vice Pedro Aleixo, as funções do presidente foram transferidas pelo AI-12 aos três ministros militares, sem que se cogitasse sequer desse artigo, conforme o qual

em caso de impedimento do presidente e do vice-presidente ou vacância dos respectivos cargos, serão sucessivamente chamados ao exercício da Presidência o presidente da Câmara dos Deputados, o presidente do Senado Federal e o presidente do Supremo Tribunal Federal.

E o art. 3º do AI-16 reiterava:

Enquanto não se realizarem a eleição e posse do presidente da República, a chefia do Poder Executivo continuará a ser exercida pelos ministros militares.

O art. 4º marcava para o dia 25 de outubro a eleição do presidente e do vice, a ser feita pelos membros do Congresso, em sessão pública e com votação nominal. A eleição do candidato a presidente acarretava automaticamente a do vice com ele registrado (§ 6º).

A posse se daria no dia 30 de outubro (§ 8º do mesmo art. 4º). O mandato terminaria em 15 de março de 1974 (art. 5º), ultrapassando portanto em quatro meses e meio os quatro anos estabelecidos pela Carta.

Atos complementares eram concomitantemente expedidos para suspender o recesso a partir de 22 de outubro, a fim de que o Congresso pudesse exercer a função homologatória para a qual era explicitamente convocado.

Precavidamente, o art. 6º do AI-16 ressalvava:

Embora convocado o Congresso Nacional, os ministros militares no exercício da Presidência da República poderão até 30 do corrente mês [outubro], em caso de urgência ou de interesse público relevante, legislar mediante decreto-lei sobre todas as matérias de competência da União.

No dia 16 de outubro a Arena aclamava Médici e Rademaker seus candidatos a presidente e a vice, e no dia 25 o Congresso realizava a votação, da qual resultaram 293 votos a favor e 76 abstenções do MDB.

Uma vez promovido o rito eleitoral, o Congresso, que fora reaberto para essa exclusiva finalidade depois de fechado havia quase um ano, entrava novamente em recesso.

A emenda de 1969 à Constituição de 1967

Mas antes disso, em 17 de outubro de 1969, fora promulgada pelos ministros militares a Emenda Constitucional n. 1 que dava nova redação ao texto de 1967. Da mesma forma que a Carta de 1967, promulgada em 24 de janeiro, entrara em vigor no início de um novo mandato presidencial (15 de março) também o texto de 1969, datado do dia 17 de outubro, começaria a vigorar no dia 30, quando o presidente escolhido seria empossado.

Pelo art. 32 da Emenda de 1969 (correspondente ao antigo art. 34) as imunidades parlamentares eram restringidas:

> Os deputados e senadores são invioláveis no exercício do mandato por suas opiniões, palavras e votos, salvo nos casos de injúria, difamação ou calúnia ou nos previstos na Lei de Segurança Nacional.

O § 3º do art. 75 ampliava o mandato do presidente, que era de quatro anos, para cinco.

Aos civis submetidos à Justiça Militar era retirada a possibilidade de recurso ordinário para o Supremo Tribunal Federal, pois o art. 129 que substituíra o antigo art. 122 não o mencionava.

Pelo parágrafo único do art. 152, que tratava da organização dos partidos políticos, perdia o mandato legislativo

> quem, por atitudes ou pelo voto, se opuser às diretrizes legitimamente estabelecidas pelos órgãos de direção partidária ou deixar o partido sob cuja legenda foi eleito.

Aliás, no art. 35, que tratava das circunstâncias da perda de mandato de deputado ou senador, constava do inciso V essa punição para aquele que praticasse

atos de infidelidade partidária, segundo o previsto no parágrafo único do art. 152.

Incorporando o texto do AI-14, o § 11 do art. 153 consignava:

Não haverá pena de morte, de prisão perpétua, de banimento ou confisco, salvo nos casos de Guerra Externa, Psicológica Adversa, ou Revolucionária ou Subversiva, nos termos que a lei determinar.

O famoso parágrafo único do art. 151 da Carta de 1967 era expressamente contestado. Agora, acompanhando o art. 154 que tratava do "abuso de direito individual ou político, com o propósito de subversão do regime democrático", lia-se:

§ único. Quando se tratar de titular de mandato eletivo, o processo *não* dependerá de licença da Câmara a que pertencer.

O prazo de duração do estado de sítio era aumentado (art. 156).

O art. 183 das Disposições Gerais e Transitórias reiterava os termos do art. 5º do AI-16, estabelecendo que os mandatos do presidente e do vice eleitos na forma desse Ato terminariam em 15 de março de 1974. O mandato de cinco anos, referido no art. 75, dizia respeito portanto à eleição subseqüente, marcada para 15 de janeiro de 1974.

O art. 182 das Disposições Gerais e Transitórias era explícito quanto à natureza do regime:

Continuam em vigor o Ato Institucional n. 5 de 13 de dezembro de 1968 e os demais Atos posteriormente baixados.

Ao iniciar-se a vigência da Carta de 1967, embora tivesse expirado a do AI-2 nem por isso ele deixou de ser aplicado, com o argumento capcioso de que havia compatibilidade entre ambos. A Emenda de 1969 resolvia essa dificuldade proclamando abertamente a coexistência de um texto dito constitucional com o AI-5 que suprimia o *habeas-corpus* "nos casos de crimes políticos contra a segurança nacional". E tudo isso era coerente com a

Lei de Segurança Nacional, tornada ainda mais severa, assim como a censura à imprensa.

Ao general Orlando Geisel, chefe do Estado-Maior das Forças Armadas e o segundo colocado na consulta feita às altas patentes militares para escolher quem assumiria a presidência, coubera o importantíssimo ministério do Exército. O brigadeiro Márcio de Souza e Mello continuou na pasta da Aeronáutica e também o general Antonio Carlos Muricy na chefia do Estado-Maior do Exército. Na Marinha houve a substituição do ministro porque o almirante Rademaker se tornara vice-presidente da República.

O esquema militar-repressivo montado pelo regime se tornara imbatível, enquanto a política era descartada.

E até se podia perceber que a própria inclusão da eleição direta para os Estados na Carta de 1967 (art. 13 § 2°) não passara de um engodo.

A Emenda de 1969 reproduzia as mesmas palavras do documento anterior:

A eleição do governador e do vice-governador do Estado far-se-á por sufrágio universal e voto direto e secreto.

Contudo, agora, o art. 189 das Disposições Gerais e Transitórias contradizia essa assertiva:

A eleição para governadores e vice-governadores dos Estados, em 1970, será realizada em sessão pública e mediante votação nominal, pelo sufrágio de um colégio eleitoral constituído pelas respectivas Assembléias Legislativas.

Além de tornada indireta, alterava-se também a data dessa eleição, antes marcada para o dia 15 de novembro de 1970, antecipando-a para 3 de outubro (§ único do art. 189). Como em 1966, a eleição indireta para governador antecedia a votação para o Legislativo.

Por fim, a própria eleição subseqüente à de 1970 se tornava indireta: a emenda constitucional n. 2, de 3 de abril de 1972, determinava a adoção desse processo também na eleição dos governadores prevista para outubro de 1974.

A eleição de 1970 para os governos estaduais foi, portanto, indireta, nos termos do art. 189 da Emenda de 1969. E o escolhido em São Paulo foi Laudo Natel, já virtual candidato desde a época em que o prefeito de São Paulo, o brigadeiro Faria Lima, era o favorito. O governador Abreu Sodré não fazia o seu sucessor.

Este teria sido justamente Faria Lima, que se filiara à Arena a fim de não prejudicar suas boas chances de sucesso numa eleição que, à vista do disposto na Constituição de 1967, se supunha fosse por sufrágio direto.

Gozando de prestígio também no meio militar, o brigadeiro teve mesmo condições para intervir na delicada crise ligada ao caso Para-Sar. Mas já por essa época (outubro de 1968) dado o ambiente político conturbado, percebia que as eleições estaduais tendiam a ser indiretas – e até chegava a duvidar que se realizassem. Além disso começava a pesar sobre ele sua origem janista.

Quando faleceu, estava em processo de marginalização[48].

No dia 15 de novembro de 1970 realizavam-se as eleições parlamentares, sob intensa coação por parte do governo e o protesto da população, consubstanciado num alto índice de abstenção e voto nulo. A Arena, evidentemente, saiu vitoriosa.

Quatro dias antes (11 de novembro) fora baixado o decreto 69.534, que criava a absurda figura dos decretos secretos.

Ao mesmo tempo que mantinha fechados todos os canais políticos, o regime se empenhava em combater, através de uma repressão em escala cada vez maior, qualquer ato de contestação; era preciso que todos se convencessem de que a resistência era inútil.

No mundo inteiro ecoavam protestos contra a prática de torturas no país.

Em julho de 1970 a Comissão Internacional de Juristas, reunida em Genebra, denunciava à Comissão Interamericana de Direitos do Homem da OEA a violação de direitos humanos de presos políticos no Brasil.

O próprio general Médici, interpelado no mesmo mês em seqüência a uma queixa do presidente do Tribunal Criminal de São Paulo, advertia os governadores de cinco Estados que decretaria intervenção federal se não fossem tomadas medidas para impedir os esquadrões da morte de "cometer crimes, sob pretexto de eliminar os fora-da-lei". O procurador-geral do Estado de

---

48. Terminado o mandato (eletivo) de Faria Lima na Prefeitura de São Paulo, o presidente Costa e Silva indicou para sucedê-lo Paulo Salim Maluf que, uma vez formalizada a anuência da Assembléia Legislativa e do governador Abreu Sodré, tomou posse em 8 de abril de 1969. Sendo os prefeitos das capitais nomeados pelo governador com prévia aprovação da Assembléia Legislativa, quando Laudo Natel assumiu o governo do Estado em 15 de março de 1971, o prefeito foi substituído em seguida (8 de abril) após dois anos de gestão.

São Paulo, com grande risco pessoal, fazia abrir inquérito contra policiais acusados de assassinato, incluindo entre os denunciados o chefe do Esquadrão da Morte[49].

O terrorismo governamental porém não se aquietava e em fins de 1970 o ministro da Educação do governo Médici e ex-ministro do Trabalho na gestão Costa e Silva era obrigado a admitir a situação, na própria declaração à imprensa na qual procurava, indignado, defender as autoridades:

Não seria verdadeiro supor que não há tortura no Brasil, mas afirmar que esta é praticada como sistema de governo é uma infâmia[50].

Aliás, o mesmo ministro da Educação se permitira anteriormente, em março desse mesmo ano, apresentar a seguinte estatística referente às ações armadas:

80% dos terroristas (sic) provêm dos meios universitários e, entre estes últimos, 70% são todos dos cursos de ciências sociais e filosofia[51].

A repressão prosseguia encarniçada, farejando os militantes direta ou remotamente envolvidos, torturando-os muitas vezes até a morte, na busca de pistas que conduzissem aos principais líderes.

Para obter a libertação dos torturados, foram realizados alguns seqüestros de diplomatas. No último desses seqüestros, ocorrido em dezembro de 1970, o embaixador suíço Bucher foi trocado, ao cabo de longas negociações, por setenta presos políticos, que se asilaram no Chile[52].

Ainda em meados de 1970 o próprio governo, para demonstrar a eficácia dos seus métodos e também como recurso psicológico para desanimar o inimigo, anunciava que a guerrilha urbana estava praticamente dominada. De qualquer forma, o regime ia gradativamente conseguindo o seu intento. E parte dos militantes ainda vivos e em liberdade, e que não tinham condições para se exilar, procurava internar-se na área rural.

49. Cf. Hélio Silva, *Os Governos Militares*, op. cit., pp. 131-132.
50. *Apud* Hélio Silva, *Os Governos Militares*, *op. cit.*, p. 131. Essas declarações foram feitas a *O Globo* em 2 de dezembro de 1970.
51. *Apud* Hélio Silva, *Os Governos Militares*, *op. cit.*, p. 131.
52. Por sua vez, e em revide, a repressão lograva, em setembro de 1971, localizar no interior da Bahia, fuzilando-o, o ex-capitão Carlos Lamarca.

SEGUNDA PARTE:

ELEMENTOS DO DOSSIÊ E ESTADO DA QUESTÃO

DEPOIMENTOS ANALÍTICOS

Registrando os passos da escalada de 1968 e contrapondo-se a ela, o jornalista e deputado federal Hermano Alves assinalava no artigo intitulado "A vigília das armas e a solidão militar" (*Correio da Manhã*, Rio de Janeiro, 4 de abril de 1968) a precariedade das bases da legitimidade do regime, tão minadas que

uma simples manifestação estudantil contra o péssimo serviço de um restaurante da classe [Calabouço] suscitou uma caudal de violência oficial e de reação popular que traumatizou a Nação inteira.

O caso é que o povo todo se opunha ao regime, incluída a classe média em peso, e pelas mais diversas razões.

Os motivos podem ser os mais variados – do arrocho salarial à liberdade de criação, da livre manifestação de pensamento político à questão universitária – mas o adversário geral é o poder militar que faz a guerra em todas as frentes.

Cumpria, pois, fazer uma revisão interna dentro das Forças Armadas, como aliás até vários ilustres generais vinham sugerindo, contrapondo o conceito de Forças Armadas como instituições nacionais permanentes ao conceito deturpador de Poder Militar, ou seja, ao militarismo; mesmo porque havia o risco de que a repressão gerasse uma reação contrária, deflagrando-se o conflito civil. Em suma, o grande inimigo da *segurança nacional* era precisamente o conceito distorcido de segurança nacional que se estabelecera oficialmente,

através da marginalização do povo e no qual esse mesmo povo é considerado inimigo em potencial ou declarado da Nação que habita e que construiu.

Dias depois, em discurso pronunciado na Câmara e publicado no *Diário do Congresso* de 10 de abril, indagava-se se o aparato militar exibido espalhado por todo o Rio, quando da missa de sétimo dia para Edson Luís no dia 4 – não faltando nem os tanques que "chegaram no ano passado, fornecidos pelo governo norte-americano na última leva" – tinha alguma relação com a portaria que proibira a Frente Ampla, baixada imediatamente em seguida.

Quanto às violências praticadas pela polícia da Guanabara nessa ocasião (em revide à tranqüilidade em que transcorrera o enterro), culpava frontalmente o general que exercia interinamente o comando do I Exército, que declarara considerar que aqueles que participassem de manifestações públicas deviam ser tratados como invasores estrangeiros. Era óbvio que esse general procurava desencadear a agitação para promover a repressão, talvez visando possibilitar maiores atos de violência política e jurídica.

Existia portanto uma cúpula militar que, vinculada à concepção estratégica de uma "nação imperial", entrara em choque "com o próprio povo, com a própria gente", defendendo um

estranho conceito de segurança nacional que significou a alienação dos interesses do país e a colocação do Brasil como Nação periférica perfilhada por um bloco político-militar.

Tratava-se, naturalmente, de uma minoria. No entanto, a conduta desta fazia com que a base, constituída pelo oficial de quadros,

não o oficial que saiu pleiteando emprego, não o que quis arranjar um "bico" no SNI, não o que quis entrar num esquema de administração qualquer, mas o tropeiro, aquele oficial que se esforça, aquele oficial que é classe média, pobre

acabasse também sendo malvista e até responsabilizada.

Havia, pois, que propiciar o reencontro do Exército e das Forças Armadas com o povo, através do abandono do militarismo e do retorno ao espírito militar, com as boas tradições das Forças Armadas esmagando

as péssimas e repugnantes novas tradições de violência e torturas.

A premissa consistia na

retirada honrosa mas urgente das Forças Armadas do campo da política partidária onde elas estão ilegitimamente.

Meses depois, quando os pretextos para o endurecimento já estavam sendo selecionados (inconformismo estudantil, rebeldia parlamentar), a questão trabalhista fornecia mais um.

No artigo "A face da repressão" (*Correio da Manhã*, 12 de setembro de 1968) o jornalista registrava que o fato de estarem algumas categorias reinvindicando aumento de salários levara o ministro do Trabalho a afirmar que havia agitadores infiltrados nos meios sindicais, sobretudo entre os bancários, os metalúrgicos e os trabalhadores em petróleo e derivados, e que o movimento reinvindicatório teria objetivos puramente políticos. Para o articulista tratava-se do primeiro passo para a repressão, que o ministro, aliás, já prometia pôr em prática. O segundo passo seria provavelmente a vinculação do movimento reivindicatório a um plano geral de derrubada do governo.

Tais acusações criariam o clima que permitiria ao ministro agir no momento oportuno, segundo uma tática que já se tornara sua marca: ao mesmo tempo que o movimento de reivindicação salarial seria esmagado sob a acusação do extremismo de esquerda, a Nação seria advertida sobre o perigo de endurecimento (de direita) que se teria provocado... Dessa forma o ministro, ele próprio, se apresentava como um liberal, de centro, continuando a

usar de todo o rigor contra os trabalhadores, ao mesmo tempo em que fala em democracia representativa.

Mas na verdade o ministro não estaria falando para os operários e sim para os militares: simplesmente não queria ficar para trás "na corrida pelo endurecimento".

E também sabia perfeitamente (e até o declarara perante os deputados) que os trabalhadores tinham sofrido perdas salariais, principalmente durante a gestão Castello Branco, e que continuavam prejudicados. No entanto não trepidara em reprimir as greves de Contagem e Osasco. E não podia deixar de fazê-lo, uma vez que o governo defendia a "chamada política de contenção", o arrocho: era a condição para continuar ministro.

Em outras palavras, as acusações políticas expendidas significavam simplesmente o início da

guerra psicológica para impedir que os trabalhadores reivindiquem seus direitos ou para justificar a repressão, no caso do aprofundamento das ações reivindicatórias.

No artigo "A corrupção armada" (*Correio da Manhã*, 26 de setembro de 1968) Hermano Alves dava o seu apoio a um deputado que denunciava a utilização constante da força para reprimir os movimentos de protesto, como fator que contribuía para criar no Brasil uma mentalidade de violência. Esse parlamenter citara o caso do Pará, onde o brigadeiro Haroldo Veloso, deputado pela Arena e antigo conspirador, fora ferido a bala pela polícia.

Desenvolvendo o argumento, o jornalista se detinha no episódio da Universidade de Brasília, que lhe parecia especialmente revelador. A Universidade fora atacada

por tropas da Polícia Militar porque era considerada um baluarte de elementos (professores e estudantes) participantes da "guerra revolucionária" a que se referem os generais Meira Matos e Antonio Muricy.

Nenhum dos oficiais superiores envolvidos demonstrara qualquer arrependimento. Apenas dois deles reconheceram que se tivessem previsto a tempo as repercussões negativas teriam desaconselhado a operação. Mas todos, mesmo esses, acharam normal o emprego de fuzis, mosquetes, baionetas, bombas de efeito moral, cassetetes etc.

E os responsáveis por esse tipo de atos, em Brasília ou em outros pontos do Brasil, eram premiados. O secretário da Segurança de Brasília preparava-se para viajar para os Estados Unidos. Um capitão conhecido pelas violências perpetradas na Vila Militar e na Baixada Fluminense era indicado para um curso no mesmo país. Coronéis famosos pelas arbitrariedades cometidas em IPMs eram nomeados adidos militares no exterior. O general autor da célebre ordem do dia que considerava os estudantes do Rio invasores do solo da Pátria (estimulando, assim, a agressão contra eles durante a missa de sétimo dia, em abril) era nomeado embaixador.

Havia, portanto, uma corrupção pela violência,

pior que a corrupção tradicional, das ladroeiras, que aliás não foi eliminada pelos "incorruptíveis revolucionários" de 1964.

Tratava-se da corrupção pela prática da tortura, pelo ódio, pela calúnia organizada no âmbito da chamada "comunidade de informações", na expressão de um dos coronéis chamados a depor na CPI da Universidade de Brasília.

E tudo isso estava vinculado ao conceito de "guerra revolucionária", oficialmente implantado, e que a Conferência dos Exércitos Americanos disseminava pelo continente inteiro.

Em premonitório artigo intitulado "Um problema de autoridade", publicado dias antes de deflagrada a investida contra o Congresso (*Correio da Manhã*, 3 de outubro de 1968), o jornalista e deputado advertia para as novas manobras dos grupos militaristas que pregavam o golpe de estado e haviam determinado a invasão do câmpus da Universidade de Brasília, com o intuito de criar um clima

capaz de permitir o fechamento do Poder Legislativo, o expurgo político do Poder Judiciário, a intervenção nos Estados, a repressão ao movimento sindical, a censura à imprensa e o esmagamento do movimento de estudantes, intelectuais e artistas.

A seu ver, o general Meira Matos, "teórico e prático da chamada guerra revolucionária", certamente participava da operação. Ele teria dito a alguns políticos governistas que o Brasil vivia "a terceira fase da guerra revolucionária" e que não se podia tolerar a formação de "territórios livres" de qualquer espécie, o Congresso Nacional incluído. Esse mesmo general articulava as polícias militares, buscando aumentar-lhes os efetivos para engajá-las nesse processo de "guerra revolucionária" que procurava oficializar. Por sua vez, o ministro da Justiça fazia campanha nos meios governamentais para que se estabelecesse uma censura rígida na imprensa. E corria a notícia de que o próprio ministro da Fazenda via com bons olhos esse endurecimento

pretendido pelos setores mais exacerbados do militarismo.

O Congresso, que vinha sendo desmoralizado, era uma vítima em potencial. Mas por isso mesmo impunha-se restaurá-lo como centro de decisões contra o golpe pretendido.

No entanto, acuado por acusações menores, colocava-se na defensiva, fazendo autocrítica e cuidando de reorganizar os trabalhos legislativos.

Ao articulista parecia ser outro o exame de consciência a ser feito, e de modo "muito rápido e eficaz". A Câmara tinha que reconhecer que estava cercada, e "agir politicamente, com vontade e coragem", mostrando que não tinha medo de uma nova invasão promovida pelo general Meira Matos o qual, se da última vez [1966] fora um simples cumpridor de ordens, agora pretendia dá-las.

Competia à Câmara dos Deputados e ao Senado, ao Congresso enfim, deixar claro o destemor ante as ameaças dos setores militaristas que, embora falassem em nome do Exército, apenas se utilizavam das Forças Armadas como instrumentos na conquista do poder. Havia que capitalizar as resistências evidentes localizadas na área militar, nas forças políticas tradicionais e em alguns governos de Estados.

Apelando ao próprio presidente da República, observava que os grupos que preparavam o golpe, não estando ainda em condições de desencadeá-lo com "a necessária presteza", precisavam *por enquanto* do marechal Costa e Silva – que, naturalmente, também era pressionado no sentido antigolpista. Mas uma vez

vitoriosos, poderão dispensar os seus serviços, como a um outro general Naguib que, curiosamente, seria substituído por uma comissão de Onganias.

Cabia à Câmara ter a sabedoria necessária para fazer o golpe abortar. Nao era, portanto, hora de reformar o regimento interno.

O problema não é de regimentos internos, mas de outros regimentos – de Infantaria, de Cavalaria etc.

Esmagada a resistência da Câmara com o AI-5, o ex-deputado e jornalista, levado ao exílio, de onde continuava a acompanhar os acontecimentos, registrava num manuscrito de fins de 1969 a argumentação utilizada pelos autores do golpe dentro do golpe.

De uma exposição de motivos do general Jaime Portella, chefe do gabinete militar e secretário do Conselho de Segurança Nacional, datada de 12 de fevereiro de 1969, destacava a passagem na qual se lia que a ocorrência sistemática de ações de "guerra revolucionária" sofrera

um agravamento que confirma a extensão e a gravidade do movimento subversivo que vem sendo articulado em diversas áreas do território nacional, sob um comando único. Esse movimento abrange uma intensificação gradativa das demonstrações de hostilidade ao governo e ao regime democrático (sic) com reflexos em muitos setores. A persistir a atual situação, é de prever-se a eclosão de guerrilhas urbanas e rurais, a atuação mais violenta em atos de terrorismo, a criação de bases e zonas liberadas, particularmente em regiões elevadas (sic) e no interior, a concretização de ataques de surpresa e golpes-de-mão em organizações militares e pontos críticos.

Por sua vez, o general Meira Matos, que ainda ocupava o cargo de inspetor das polícias militares (depois assumiria o comando da Academia Militar das Agulhas Negras), solicitava o aumento dos efetivos dessas polícias e a nomeação de oficiais-generais do Exécito para comandá-las. Inaugurando um curso superior de polícia em abril de 1969, declarava:

O inimigo interno, hoje, atua infatigavelmente visando à derrubada do regime democrático, sob a pressão constante do inimigo externo, que age de maneira incansável utilizando todos os recursos do arsenal de guerra psicológica.

No dia 26 de agosto de 1969 o general Antonio Carlos Muricy, chefe do Estado-Maior do Exército, advertia os novos generais sobre "a guerrilha urbana e o terrorismo", gerados por

um fanatismo vindo de fora e de fora orientado.

O próprio ministro do Exército, general Lyra Tavares, afirmava que os elementos subversivos

apuram suas técnicas e ampliam as suas ações, valendo-se cada vez mais do despreparo e das vulnerabilidades que a democracia brasileira ainda não logrou corrigir, embora se trate de imperativo da sua própria sobrevivência.

Isto posto, o ministro concitava os militares a se manterem unidos, para não servir

aos adversários da Revolução, interessados únicos e naturais em semear a discórdia em nossas Forças Armadas.

Até que ponto existiria mesmo tal "processo de guerra revolucionária"? De fato, a partir de 1968 se haviam tornado mais freqüentes as ações promovidas por pequenas organizações, ações essas que incluíam assaltos a bancos e que no ano de 1969 haviam culminando no rapto do embaixador Elbrick. O jornalista observava, porém, que ainda em princípios de 1968, quando tais manifestações eram poucas, os serviços de informação e também alguns deputados ligados à cúpula militar já faziam questão de afirmar que a guerra revolucionária estava incendiando o país, nessa pretensa constatação buscando razões para o fechamento do regime.

Além disso, a divulgação concernente a esses pequenos grupos era manipulada. Antes da invalidez de Costa e Silva, o noticiário sobre assaltos a bancos era praticamente suprimido pela censura, para evitar alarme – e também para não estimulá-los. Diversamente, no momento em que a junta assumiu o poder, dispondo-se a intensificar ainda mais a repressão, o próprio serviço secreto da Marinha se encarregava de distribuir a jornais e revistas, para manter o assunto em pauta, um noticiário detalhado, no qual eram por vezes estabelecidas vinculações absurdas entre grupos até divergentes ou forças políticas que nada tinham em comum.

Em estudo posterior ("Brazil: martial mythologies", publicada na *Latin America Review of Books*, n. 1, Londres, 1973) Hermano Alves registrava que esses pequenos grupos de ação armada urbana – criados pelo militarismo, na medida em que impedia a oposição legal – haviam sido dizimados entre 1969 e 1972 pelos métodos mais violentos. Questionando, do próprio ponto de vista militar, a necessidade de um procedimento tão brutal, ponderava que a dimensão do conflito interno brasileiro era diminuta se comparada, por exemplo, com o longo duelo que se travava entre o Exército e a polícia de um lado e as Forças Armadas de Libertação Nacional de outro, na Venezuela, onde, contudo, os militares se comportavam de maneira bem mais contida.

Ainda do ponto de vista militar, parecia-lhe que a atribuição de funções de polícia aos oficiais, bem como a existência de unidades especiais de repressão e organizações paralelas, se constituíam de fatores moralmente prejudiciais às Forças Armadas, além de colidir com os princípios basilares da hierarquia e da disciplina. Já pensava assim há vários anos e via essa idéia confirmada pelo tratamento dado ao tema por Nelson Werneck Sodré no semanário *Opinião*.

Seis anos depois, em artigo intitulado "Um basta ao militarismo" (*Enfim*, 8 de novembro de 1979) escrevia:

Finalmente há o problema do *habeas-corpus*. Não do instituto jurídico, mas da apresentação dos corpos daqueles inimigos do regime que morreram ou sumiram. Pessoalmente, gostaria de saber onde estão os túmulos de Rubens Paiva e de Luís Maranhão. Mas há outros, muitos outros. E também gostaria que se publicasse tudo sobre a guerrilha do Araguaia.

Mais uma vez reafirmando sua condição de democrata, publicava no mesmo periódico (29 de novembro de 1979) o artigo "O mito da Intentona", que terminava da forma que segue:

em novembro, embora anistiado (tardiamente, é claro), embora sem pena ou processo, pois a minha sentença foi prescrita e o Ato Institucional n. 5 revogado, embora longe do Brasil por motivos profissionais, considero-me um cidadão de segunda classe, mesmo não sendo comunista, mesmo não pregando a revolução armada, mesmo não incitando o povo contra as Forças Armadas, porque no mês da Intentona todos somos suspeitos, até prova em contrário.

Quanto à tortura, a edição de um livro sobre a matéria, assinado por um coronel envolvido[1] dá ao jornalista a oportunidade de definir sua própria posição na nota que recebeu o título de "A missão interna" (*Afinal*, 24 de março de 1987).

Da leitura desse texto depreendera que, segundo o autor,

num momento crítico, para redução de riscos, pode-se torturar um prisioneiro revolucionário – ou, para usar o jargão do coronel, terrorista.

A essa opinião Hermano Alves contrapunha a de um herói, oficial francês que serviu junto aos maquis, o general de La Bollardière, aristocrata, egresso de Saint-Cyr. Esse oficial rejeitara a tortura dos prisioneiros na Argélia (terroristas, inclusive) denunciando-a.

É que, segundo a boa doutrina, o prisioneiro,

revolucionário ou terrorista, pouco importa, está sob a proteção do seu captor, que é responsável pela sua segurança física e psicológica.

O referencial para a compreensão do quadro em que foi conduzida a guerra contra o *inimigo interno* começara a ser traçado em 1965 no artigo "Força Interamericana Permanente de

---

1. Brilhante Ustra, *Rompendo o Silêncio-Oban*, DOI-Codi.

Paz: o braço armado do império"[2], trabalho esse no qual são reconstituídas as conseqüências políticas da guerra fria em três etapas sucessivas, dominadas respectivamente pelas doutrinas Truman, Kennedy e Johnson.

Já no período da doutrina Truman era definido para os militares latino-americanos o papel precípuo de lutar contra a "agressão interna", ou seja, de transformar-se em polícia interna contra as tendências antiimperialistas ou anticonservadoras. Mas os civis ainda eram mantidos no poder.

Na transição, no ano de 1959, em entrevista cedida por Osvaldo Aranha, este revelava ao jornalista perceber que os Estados Unidos estavam se inclinando pela implantação de governos militares na América Latina – o que de fato ocorreria. Mais que isso, esse experimentado diplomata previa uma fase em que

só os militares, na América Latina, gozariam da integral confiança das autoridades norte-americanas, dentro de uma estratégia geral de repressão ou contenção dos movimentos sociais.

Com efeito, no período Kennedy, as forças de contraguerrilhas, operações especias e ação irregular ganhavam uma ênfase toda particular no quadro da reorganização militar norte-americana. Ao mesmo tempo se intensificava o preparo de oficiais latino-americanos, instalando-se até em Washington o Colégio Interamericano de Defesa, apelidado de "escola de ditadores". Tratava-se de adestrar esses oficiais não mais para o desempenho das tarefas militares de tipo tradicional, mas para a luta contra a "agressão interna", ou seja, todos os movimentos

que prejudicassem desta ou daquela forma os interesses norte-americanos, fossem eles governamentais ou particulares.

Paralelamente se promovia a chamada *ação cívica* para restabelecer o contato do Exército com o povo.

O mesmo Exército que atirava contra os guerrilheiros, na Colômbia, distribuiria vacinas e abriria estradas.

E como havia o precedente cubano e guerrilhas atuantes no continente (embora não no Brasil) passou-se a incorporar, também aqui,

2. *In: Política Externa Independente*, n. 2, 1965, *op. cit.*

toda uma mitologia militar sobre contra-insurreição, guerra insurrecional, guerra revolucionária etc.

Em suma, as tropas de elite latino-americanas passavam a ser organizadas para a luta contra a *agressão* ou a *guerra insurrecional* – promovida teoricamente *pelo próprio povo* de cada país.

Não obstante, todo o enfoque era o da preparação de um Exército de ocupação numa guerra colonial. Por que não aproveitar as teorias sobre esse tipo de guerra, já que elas existiam?

Uma leitura da história militar de Roma, misturada à observação da experiência czarista na conquista da Rússia e da *taiga* siberiana, serviu de base para que Bugeaud, em princípios do século passado, criasse uma doutrina de guerra colonial para a França, doutrina essa mais tarde completada por Galliéni e Liautey.

E assim, no Brasil, passou-se a falar em *guerra revolucionária*, ressaltando mais ainda a faceta colonial, portanto.

Quanto à doutrina Johnson, preconizava a união dos países do continente para tais propósitos, de molde a poderem todos juntos intervir no país "ameaçado". Essa doutrina começara a ser exposta quando esse presidente, em discurso na Universidade de Baylor, em Waco, Texas, afirmara ser necessária "a criação de um novo mecanismo internacional" (a Força Interamericana Permanente de Paz) para enfrentar fatos que se sucediam com rapidez e que exigiam a tomada daquele tipo de decisões nas quais "o destino de gerações pode ser resolvido em horas". A velha distinção entre "guerra civil e guerra internacional" já teria perdido o sentido, o que justificaria a invasão de São Domingos, mesmo porque a noção de fronteiras geográficas estava sendo substituída pela de fronteiras *ideológicas*. Na verdade nem importava o fato de que as forças dominicanas vitoriosas não fossem comunistas: qualquer movimento que se opusesse à integração continental a ser feita em torno da nação líder era perigoso.

No artigo "A interdependência" (*Correio da Manhã*, Rio de Janeiro, 23 de maio de 1965) Hermano Alves comentava as conseqüências da adoção de tais idéias pelo ministro do Exterior à época, Vasco Leitão da Cunha, que afirmava:

A concepção ortodoxa e rígida da soberania nacional foi formulada numa época em que as nações não enfeixavam, em suas responsabilidades, uma obrigação de cooperarem entre si, na busca de objetivos comuns.

Partindo dessa premissa, e substituindo a *soberania* pela *interdependência*, o ministro preconizava textualmente o

reforço dos instrumentos multilaterais para a defesa da insituição política mais americana – a democracia representativa.

Como corolário, avolumava-se a figura da *agressão interna* para justificar o desrespeito pela soberania, como ocorreu quando se interveio num país do continente (República Dominicana) que não estava sofrendo agressão de qualquer outro, do continente ou não.

Em "Tempos anormais" (*Correio da Manhã*, 5 de junho de 1965) o jornalista denunciava outras conseqüências dessa doutrina intervencionista no comportamento político militar brasileiro.

Assim, o general Justino Alves Bastos, comandante do III Exército, embora desmentisse que tropas brasileiras tivessem sido deslocadas para a fronteira do Uruguai, permitia-se declarar que era

hora de as velhas doutrinas de política externa serem substituídas, como preceitua o marechal Castello Branco, por normas mais reais e objetivas, mesmo porque ninguém está tranqüilo em sua casa quando a casa do vizinho está pegando fogo.

Preocupado com a situação do Uruguai, que considerava "bastante convulsionada", o general era enfático:

Garanto, porém, que não haverá nova Cuba na América Latina, a despeito da ofensiva comunista em São Domingos, na Bolívia e em outros países do continente.

O articulisa comentava que em tempos normais o general teria sido imediatamente substituído do comando e punido com a máxima severidade por tais declarações. "Mas não estamos em tempos normais." E numa indagação-advertência, lembrando suplementarmente que no Uruguai se encontravam exilados brasileiros, incluindo o ex-presidente João Goulart e o ex-governador e ex-deputado Leonel Brizola (constando rumores de que se cogitava da captura deles), observava:

Se para salvar o Uruguai da subversão e da corrupção (e não é este o pretexto de sempre?) uma facção militar daquele país der um golpe; se esse golpe enfrentar uma reação qualquer; e se os exilados brasileiros forem apontados como inspiradores dessa reação; e se a Junta (pois é claro que haverá uma Junta) solicitar o apoio do Brasil – que fará o governo do Brasil?

No curso dos trabalhos citados e também em outro, Hermano Alves explanava as vicissitudes do emprego da doutrina da "guerra revolucionária" adotada no Brasil, sem qualquer relação com a realidade, uma vez que resultava meramente dos

princípios da guerra revolucionária francesa no Norte da África, reciclados pelo Pentágono que os repassou para a Escola Superior de Guerra.

Ainda em fins de 1963 Bilac Pinto, afinado com os generais Castello Branco e Muricy, proclamava estar o país, especialmente o Nordeste, em avançado estágio de guerra revolucionária – o da formação de um exército popular –, o que evidentemente revelou-se falso e até absurdo.

Era visível, nesse referencial, a pura transposição das teses de Roger Trinquier e outros, nas quais era elaborada uma teoria do colonialismo e dos processos para derrotar a rebeldia emergente, filtradas depois pelos estrategistas norte-americanos fixados no que ocorria no sudeste asiático.

Tratava-se, em suma, de uma

ideologia da segurança nacional formulada em Washington para o uso, principalmente, por militares anticomunistas do sudeste asiático.

E tinha como matriz as

justificativas para a ação colonial européia na Ásia e na África – em particular Bugeaud, Galliéni, Liautey e os centuriões da *Guerre Coloniale* francesa.

Ocorria, porém, que no Brasil, como nos países latino-americanos em geral, visava-se "conter" o *próprio povo* com o emprego das Forças Armadas nacionais. O desempenho de tais tarefas tinha, naturalmente, suas conseqüências.

Uma delas era a sensação de isolamento experimentada por esses militares, completamente dependentes do apoio externo, sofrendo o "complexo de Cao Ky", apostando na continuação do *status quo*, temerosos de serem abandonados

como se sentiram os auxiliares nativos do Império Romano quando as legiões de Roma deixaram as Ilhas Britânicas; como se sentiram os sipaios na Índia, quando o Império Britânico se retraiu; como se sentiram os harkis na Argélia quando a França resolveu dar-lhe independência.

Temiam que prevalecesse, por exemplo, a tese do senador norte-americano Wayne Morris, que em fins de 1967 declarava, em relatório de sua subcomissão, que

a ameaça à segurança interna, supostamente criada pelas forças do comunismo internacional, tem sido distorcida e exagerada.

Esse senador também considerava exorbitante o volume da assistência militar especificamente concedido no Brasil. A seu ver,

a principal ameaça à segurança interna, na América Latina, é proveniente das forças populistas reprimidas. E o programa de assistência militar dos Estados Unidos está contribuindo para essa repressão[3].

O fato de ser improcedente o pretexto alardeado em fins de 1963 (avançado estágio de "guerra revolucionária") não impediu que se enraizasse a correlata *doutrina da segurança nacional*, praticamente definida como um permanente estado de sobreaviso contra o "agressor interno". Com o recurso a ela, o Brasil era inserido como "retaguarda incaracterística na estratégia global dos Estados Unidos e da Otan", e às Forças Armadas Brasileiras era atribuída a referida função precípua de defender o Estado contra o "agressor interno".

Também se revelou inconsistente outro importante pretexto para o golpe de 1964: o adiantado estado de indisciplina que estaria grassando dentro das Forças Armadas. Em sucessivos julgamentos de militares no Superior Tribunal Militar nos anos de 1965 a 1967, os juízes, entre os quais os generais Pery Bevilacqua e Olimpio Mourão Filho, absolviam os acusados que se haviam oposto ao golpe militar, ponderando que eles apenas tinham "cumprido as ordens legais." E conforme o jurista Osny Duarte Pereira, que fizera um levantamento sobre a matéria, registrava no seu *Constituição do Brasil, 1967*, apenas uma diminuta parcela de oficiais e sargentos foi durante esse período afastada das Forças Armadas sob acusação de atividades subversivas.

3. *Apud* Hermano Alves, "Forças inermes", *Correio da Manhã*, Rio de Janeiro, 25 de janeiro de 1968.

Mesmo assim, em nome do combate a uma guerra revolucionária que não havia, derrubou-se um governo legítimo e se instaurou uma ditadura militar que, de maneira ambígua, justamente se denominou *Revolução*. E em seguida, tanto se falou, e principalmente tanto *se fez*, que por fim se provocou a contestação armada, justificando *a posteriori* a doutrina transplantada e criando as condições para que também no Brasil se travasse a *guerra suja*.

E a *counter-insurgency*

remotamente baseada na guerra colonial francesa de Bugeaud, Galliéni e Liautey

era posta em prática em

Xambioá (em média 2.000 regulares e irregulares contra um só guerrilheiro) no Vale do Ribeira, Caparaó e outros episódios sem significação estratégica e que incluíram atos de brutalidade desnecessária[4].

* * *

No capítulo 2 do livro *O Governo Militar Secreto*[5] Nelson Werneck Sodré insere, ressaltando seus pontos fundamentais, a valiosa análise desenvolvida por Juan Bosch em *El Pentagonismo Sustituto del Imperialismo*.

Presidente constitucional de São Domingos deposto em 1963, Bosch, examinando o doloroso caso da invasão do seu país, observava que a pequena República fora vietnamizada, ao mesmo tempo em que o Vietnã era dominicanizado. Ou seja, em

---

4. Hermano Alves, "A Marinha não pode ficar a ver navios", setembro de 1987.

5. Nelson Werneck Sodré, *O Governo Militar Secreto*, Rio de Janeiro, Bertrand Brasil, 1987. Essa obra na verdade foi concluída em 1969, mas não encontrou condições para ser editada. A situação se agravara, portanto, visto que o mesmo autor tivera publicados em 1965, 1966, 1967, respectivamente, a *História Militar do Brasil*, a *História da Imprensa no Brasil* e as *Memórias de um Soldado*, já contendo referências críticas ao regime. É em especial o caso do último desses três livros que inclui extenso depoimento pessoal com menção a fatos como a depredação do Iseb, a prisão em fortaleza e indiciamento em IPM. Aliás, também a magistral análise crítica da Constituição de 1967, elaborada pelo jurista Osny Duarte Pereira e publicada no próprio ano da promulgação dessa Carta, passava a ser apreendida.

São Domingos se aplicavam experiências bélicas adquiridas no Vietnã e vice-versa – chegando a ser nomeado embaixador em Saigon alguém que servira em São Domingos, com pleno êxito na opinião do pentagonismo.

Cada vez que o coronel Caamaño, legalista, se recusava a aceitar um determinado ponto, a capital do país era submetida a um ataque. Não se tratava de levar Caamaño à negociação – visto que já estava negociado – mas à capitulação. Da mesma forma, as negativas de Ho Chi Minh custavam vidas a Hanói, Haiphong e outras cidades do Vietnã do Norte. Já a reintegração dos militares constitucionalistas, que também constava dos acordos, não era cumprida, mas a parte agressora não se preocupava com isso.

Clarificando o seu conceito de pentagonismo, analisava Bosch que os primeiros passos dele se orientavam para a conquista, em países coloniais ou dependentes, do comando dos exércitos nacionais, ou para a criação desses exércitos onde não existiam. Uma vez assumido o controle das Forças Armadas de um país juridicamente independente mas econômica e politicamente dependente, qualquer pretensão de independência dos governantes desse país era bloqueada pela ameaça de um golpe militar – ou, é claro, pelo próprio golpe.

Mas podia ocorrer que as forças locais pentagonizadas se desintegrassem, como na República Dominicana e no Vietnã do Sul. Nesse caso, o exército pentagonista se apressava em ocupar o lugar dessas tropas, sendo que o exército pentagonizado de São Domingos, ao ser aniquilado, foi substituído em 1965 por enorme contingente da infantaria da marinha norte-americana.

A prática da violência nessas situações era fundamental pois, além do mais, tinha um sentido intimidador, visando dissuadir os demais povos.

Contribuindo para restabelecer a verdade histórica, Nelson Werneck Sodré faz questão de registrar o depoimento de Juan Bosch, que desmente a versão amena de uma intervenção "redemocratizadora" (e assim considerada apesar de favorecer o general Imbert e manter o presidente Bosch no exílio) ao relatar

as torturas a que foram submetidos os patriotas dominicanos, a destruição realizada em suas cidades, o terror desencadeado sob cobertura, pressão e proteção militar dos invasores, contra a população desarmada e indefesa.

Todo esse sinistro episódio fora silenciado pelo controle mundial de notícias, embora a ferocidade não diferisse da empregada no Vietnã. O bombardeio da cidade de São Domingos equivaleu ao de Hanói e, da mesma forma que no sudeste asiático, desencadeava-se na pequena República centro-americana o terror "anticomunista", com os massacres decorrentes: o Vietnã estava servindo como "laboratório de provas".

Terminadas as negociações entre o coronel Caamaño e a OEA e estabelecido o governo provisório encabeçado pelo Dr. Garcia Godoy, nem por isso a brutalidade diminuiu. A onda de sangue continuava assolando o país ainda em 1967, atingindo oficiais e soldados constitucionalistas, líderes dos partidos defensores da legalidade, empresas pertencentes a partidários ou simpatizantes do constitucionalismo. Foi praticada a tortura em suas formas mais terríveis; e, evidentemente, os que podiam buscaram asilo no exterior.

Como era possível ao pentagonismo apresentar a agressão no Vietnã, em São Domingos, ou onde lhe conviesse, como "guerra defensiva"? Qual o fundamento? O conceito de *guerra subversiva* fornecia a solução: qualquer pretensão transformadora contrária aos interesses do imperialismo equivalia a uma guerra de *subversão*, a uma *agressão* – assim qualificada unilateralmente – a ser revidada. Esse seria, segundo Bosch, o embasamento da "doutrina" que, em "homenagem" a Lyndon B. Johnson, fora batizada com o seu nome. Nesse quadro, a instrução militar referente a guerrilhas já se incorporara ao pentagonismo, responsável até por um manual intitulado *Guerra de Guerrilhas e Operação de Forças Especiais*, que ensinava a combatê-las ou dirigi-las, conforme o caso.

Uma vez exposto esse esquema e passando ao exame de questões correlatas, observa Nelson Werneck Sodré, em outra parte do seu livro, que a Escola das Américas, sediada em Fort Gullick, na zona do Canal do Panamá, onde eram recebidos grandes contingentes de militares latino-americanos para cursos de treinamento, principalmente antiguerrilha, tinha segundo o seu comandante a missão precípua de apoiar o Comando Meridional do Exército dos Estados Unidos. À vista desse pressuposto era impossível que pairasse qualquer dúvida com respeito às finalidades últimas desse aprendizado e mesmo à subordinação funcional dos instrutores e alunos brasileiros que lá se encontravam.

Mas todo esse adestramento ainda não era considerado suficiente. E assim se criava no Brasil um Centro de Instrução de Guerra na Selva (CIGS) a propósito do qual um dos entusiastas do curso se externava na publicação *A Defesa Nacional* (março-abril de 1967) da forma que segue:

As peculiaridades da luta na selva, aliadas à possibilidade de termos, no Brasil ou alhures (*sic*) de enfrentar situações de guerra em ambiente semelhante, de há muito vinham preocupando nossas autoridades militares que desejavam possuir, em nosso Exército, especialistas nesse tipo de operações.

Segundo esse militar, o número de oficiais e sargentos que haviam feito o curso no Panamá e os esforços aplicados em certas unidades para formar elementos com noções básicas da especialidade atestavam o acerto das considerações expendidas. Havia ainda, na opinião dele, que levar em conta o fato de confinar o Brasil, na área geográfica da selva, com cinco países estrangeiros, possuindo características idênticas às nossas. Fazendo o elogio do CIGS, acrescentava que a instrução nele ministrada obedecia a um programa

calcado nos últimos ensinamentos desse tipo de guerra, pois a maioria do corpo de instrutores e monitores é constituída de oficiais e sargentos já especializados na Escola existente no Panamá, e além disso a correspondência mantida com essa Escola e a da Malásia permite manter atualizados os currículos[6].

Comentando essa matéria, Nelson Werneck Sodré observava que aparentemente o autor dela se propunha a forjar uma FIP das selvas para intervir na Colômbia, Venezuela, Peru, Bolívia, ou seja, "onde houvesse selva"; aliás, o objetivo de agir dentro ou fora do Brasil (no Brasil ou *alhures*) era admitido com bastante franqueza. Nem sequer se dissimulava o fato de tratar-se o Centro de Instrução de Guerra na Selva de uma sucursal da escola de Fort Gullick[7].

Quanto à transferência do *know-how* repressivo mencionada por Bosch a propósito da vietnamização de São Domingos e da

6. *Apud* Nelson Werneck Sodré, *O Governo Militar Secreto*, op. cit., nota 43, pp. 105-106.
7. Como se vê, a instrução para a guerra na selva já vinha sendo ministrada antes dos fracassos das campanhas militares no Araguaia, e até mesmo antes da estruturação da guerrilha de Xambioá. O que se acrescentou na fase final foram as unidades de pára-quedistas. O severo segredo governamental a respeito se deveu inicialmente à intenção de evitar que o conhecimento da existência dessa guerrilha a transformasse em exemplo; depois, para que não fosse divulgado o insucesso das forças enviadas para combatê-la; por fim, para ocultar a terrível liquidação física total dos militantes por parte da contraguerrilha vitoriosa.

dominicanização do Vietnã, podia desde 1965-1966 ser percebida dentro do Brasil, na comparação com o que ocorria em diversas áreas.

Esse fenômeno fora assinalado em 1966 em denúncia publicada no número 9/10 da *Revista Civilização Brasileira* a propósito do brutal assassinato do sargento Manoel Raymundo Soares, preso pelo DOPS do Rio Grande do Sul em março desse ano e cujo corpo foi encontrado boiando no rio Guaíba[8].

Segundo o autor do artigo[9] a ação repressiva parecia obedecer a um plano e comando único nacional, visto que o general Justino Alves Bastos e seus auxiliares diretos, que dirigiram a ação policial do Exército em Pernambuco, onde foram cometidas as maiores barbaridades, haviam sido depois transferidos para o Rio Grande do Sul, "para onde também se trasladou o terror policial-militar".

Tanto em Pernambuco como no Rio Grande do Sul, contrastando com a "tendência democrática e progressista de nossas Forças Armadas", verificava-se agora

a presença ativa e desabrida de oficiais superiores do Exército no desempenho de tarefas policiais elementares, destacando-se por uma brutalidade inteiramente fora da índole brasileira e procurando atingir especialmente sacerdotes e católicos progressistas, identificados com as novas diretrizes do Concílio Vaticano II.

---

8. "As tradições democráticas e a honra do Exército exigem a punição dos assassinos do sargento Soares e dos autores do estupro de uma funcionária pública", *Revista Civilização Brasileira*, n. 9/10, Rio de Janeiro, 1966.

9. A *Revista Civilização Brasileira*, bimestral, começou a ser publicada em 1965, sendo o n. 1 referente a março desse ano. Tinha como diretor Enio Silveira e secretário Roland Corbisier. Baixado o AI-2 que proibia a manifestação sobre matéria política a cassados, esses nomes foram substituídos, e também deixou de constar do expediente a referência ao Conselho de Redação, do qual Nelson Werneck Sodré era um dos integrantes. Já antes, porém, do AI-2, para evitar percalços, Nelson Werneck Sodré não assinava os editoriais e os textos políticos de sua autoria, continuando naturalmente a conduzir-se dessa forma após baixado o ato. A matéria (não assinada) que estamos comentando, publicada em 1966, é provavelmente dele. Com o AI-5 de 13 de dezembro de 1968 a *Revista Civilização Brasileira* deixou de circular, sendo o seu último número, 21/22, referente a setembro-dezembro desse ano.

Felizmente, "para ressalva da honra das Forças Armadas", eram oficiais, mesmo os que se haviam destacado na implantação do golpe, que mais se mostravam revoltados e pediam a punição dos colegas que o articulista considerava indignos da farda que envergavam visto serem responsáveis diretos ou indiretos por tais atos repugnantes. Assim, insurgiam-se contra esses crimes integrantes do Exército dos mais altos escalões, como os generais Pery Bevilacqua e Olympio Mourão Filho, além de almirantes como Saldanha da Gama, todos os membros do Superior Tribunal Militar. Eram manifestações dessa ordem que permitiam a esperança de que as Forças Armadas não tardariam a repudiar os que feriam as tradições do Exército Nacional, justamente as "tradições que mantinham essa instituição na estima do povo". Cumpria apartar, e era a "tarefa heróica dos oficiais patriotas para os próximos anos", aqueles que pretendiam

transformar as Forças Armadas em instrumento da opressão e lhe dar o caráter de tropa de ocupação do País em favor de uma potência estrangeira.

Quando o corpo do sargento foi encontrado no rio Guaíba, em agosto de 1966, o general Justino já fora afastado do comando do III Exército devido à sua pretensão político-eleitoral de candidatar-se ao governo do Estado, a despeito da exigência de quatro anos de domicílio eleitoral, mantida exatamente para dissuadir os militares de aspirar aos governos estaduais. O afastamento do general não impedia, porém, que os métodos introduzidos durante a sua gestão continuassem vigentes mesmo depois de sua substituição pelo general Orlando Geisel.

De qualquer forma, no inquérito do Superior Tribunal Militar, o novo comandante informou que a prisão do sargento Soares pelo DOPS, em março, se fizera por sua ordem pessoal e que após tomar o depoimento recambiara o preso ao mesmo DOPS. A questão estava portanto no âmbito dele, general Orlando Geisel, embora a essa época o general Justino ainda estivesse à testa do III Comando.

Do DOPS o sargento Soares fora transferido para a ilha-presídio no rio Guaíba e depois novamente removido para o DOPS, onde sofreu as maiores violências até que, segundo o depoimento de um delegado, os soldados incumbidos de lhe dar um "caldo" perderam o controle do corpo, daí resultando o afogamento.

Além desse crime, ocorrera ainda o estupro, do qual resultou gravidez, de uma jovem funcionária pública nas dependências do DOPS. Em seqüência, o promotor e o auditor que haviam opinado pela apuração das responsabilidades eram ambos demitidos, tendo o auditor, além disso, suspensos os seus direitos políticos. A situação, denunciada na Câmara Municipal de Porto Alegre, era tão absurda que o general Bevilacqua não trepidou em propor no STM a revisão das punições impostas pelo presidente Castello Branco; o que só não se concretizou por motivos de ordem formal.

Com o assassinato do sargento Soares a situação se aguçava. A opinião estava traumatizada e no acompanhamento do enterro, especialmente concorrido, era cantado o Hino Nacional.

Na Assembléia Legislativa do Rio Grande do Sul o MDB requeria a formação de uma Comissão Parlamentar de Inquérito.

No dia 9 de setembro de 1966, em sessão do Superior Tribunal Militar, era determinada a remessa dos autos ao procurador-geral da Justiça Militar, para a abertura de inquérito policial-militar sobre as violências que o coronel secretário da Segurança Pública do Rio Grande do Sul estimulava, ao acobertá-las. Do voto do almirante Saldanha da Gama, ministro dessa Corte, constava:

> Entendo que nesse caso deve ser aberto um rigoroso inquérito para ressalvar o nome do comandante do III Exército, general Orlando Geisel, que está neste momento em causa.

Em *Vida e Morte da Ditadura*[10] Nelson Werneck Sodré acompanha o processo de implantação de ditaduras militares, que se alastrava pelo chamado Cone Sul, ao abrir-se a etapa em que o imperialismo decidiu que esses regimes eram mais seguros para defender os investimentos dele e para combater ou evitar a emergência de movimentos de libertação.

Em 1962 a Junta Interamericana de Defesa criava, bem próximo do War College, um estabelecimento militar (o Colégio Interamericano de Defesa) para onde seriam enviados oficiais latino-americanos a fim de receber um tipo de instrução tal, que a instituição que a ministrava passou a ser conhecida como "escola de ditadores".

10. Nelson Werneck Sodré, *Vida e Morte da Ditadura*, 2ª edição, Petrópolis, Vozes, 1984.

O coronel Vernon Walters era designado adido militar no Brasil, para onde eram também enviados, além de militares, "especialistas" policiais, políticos e de outras áreas, para operar o levantamento e controle da situação e intervir nos momentos "adequados".

O embaixador Lincoln Gordon e o coronel Vernon Walters coordenavam tudo, inclusive a cobertura militar externa em caso de necessidade, entrosados com a cúpula da Escola Superior de Guerra, à qual por sua vez era vinculado o Ipes (Instituto de Pesquisas e Estudos Sociais) que reunia políticos, empresários e militares.

Por fim, no dia 30 de março de 1964 a CIA, em despacho, informava esperar o golpe para os "próximos dias". Mas como boa parte dos conspiradores não tinha acesso aos segredos da cúpula da ESG nem era a ela ligada, ocorreu que, para grande preocupação do general Castello Branco, os chefes militares de Minas Gerais anteciparam a ação já para o dia seguinte. Porém, contratempo à parte, o golpe se concretizou, valendo a Vernon Walters a promoção a general. O documento da CIA prognosticava: "a Revolução não será decidida rapidamente e será sangrenta." Nesse ponto se enganaram e Nelson Werneck Sodré pondera que, a ser levado em conta o despacho

o modelo que se preparava aqui era o depois aplicado no Chile.

Quanto ao coordenador-geral que Vernon Walters assessorava, a pichação nos muros das cidades nos primeiros dias de abril era expressiva:

Basta de intermediários – Lincoln Gordon para presidente.

O autor de *Vida e Morte da Ditadura* observa:

Enquanto as forças populares que estavam envolvidas na agitação aprendiam que a revolução não se importa, as forças empenhadas na destruição das franquias democráticas importavam a contra-revolução e até mesmo elementos especializados nela.

Para alcançar o resultado objetivado, havia se recorrido, na etapa do desencadeamento do golpe, à

conjugação entre o pânico interno, alimentado pela máquina publicitária e a doutrinação continuada.

Mas antes disso se trabalhara para conseguir o prévio controle do centro decisório das Forças Armadas.

Numa organização hierárquica, em que tudo se opera por gravidade, o controle dos órgãos de comando e dos órgãos de informação assegura o de toda a organização. Esse controle antecipou-se ao golpe que, assim, foi montado de dentro para fora, na intimidade do aparelho de Estado.

A experiência brasileira passou a ser adotada como modelo a ser exportado.

Triunfante no Brasil, o modelo foi convenientemente adaptado às condições de outros países latino-americanos, a que os já experimentados chefes brasileiros emprestaram os seus conhecimentos, comparecendo, nas prisões chilenas e nas prisões argentinas e uruguaias, em companhia dos especialistas norte-americanos, de sorte a garantir pleno sucesso ao estabelecimento nesses países daquele regime já vigorante no Paraguai e periodicamente instalado na Bolívia, isto é, o estado de sítio permanente.

Por sua vez, no Brasil, as organizações repressoras eram

ricamente dotadas de meios acústicos, sonoros, elétricos, de escuta, de surpresa, de gravação, eletrônicos, para multiplicar a sua eficiência, sem falar nos cursos feitos nas metrópoles e nos instrutores para cá enviados, entre os quais Dan Mitrione, de triste memória, tão mencionado na já abundante literatura de denúncia das torturas que vem conhecendo sucesso editorial nos últimos tempos aqui[11].

A School of the Americas (Escola das Américas) do Exército dos Estados Unidos, sediada em Fort Gullick, na zona do Canal do Panamá, tinha, segundo seu folheto explicativo, a missão de

ministrar os cursos e treinamento necessários ao zelo pela segurança interna dos países latino-americanos.

O mesmo folheto informava que se visava especialmente

o treinamento para a luta contra guerrilhas, para a luta na selva e para os serviços de espionagem.

---

11. Dan Mitrione, que "colaborara" com a polícia brasileira, foi justiçado no Uruguai.

Também em Fort Bragg, na Carolina do Norte, eram instruídos grupos de oficiais latino-americanos.

De qualquer forma, já circulava no Exército brasileiro a edição em português da *Military Review*. Agora se tornava rotina a viagem de fim de curso aos Estados Unidos, para as turmas de alunos da Escola de Comando e Estado-Maior, nas três Forças Armadas. Correlatamente, altos chefes militares norte-americanos faziam freqüentes visitas ao Brasil, muitas vezes realizando conferências em estabelecimentos de ensino nacionais,

com destaque para a Escola Superior de Guerra, onde encontravam acolhida franca, como pessoas da casa que eram.

Em abril de 1965, uma publicação ligada ao Pentágono informava:

os distúrbios do Panamá, o contrabando de armas na Venezuela e a infiltração comunista no Chile puderam ser enfrentados sem a menor publicidade, graças aos métodos eficazes cuidadosamente postos em prática pelos peritos norte-americanos em contra-revolução.

Em 1967 circulava entre oficiais da Marinha brasileira um documento alertando sobre os "malefícios" políticos da presença dos exilados brasileiros no Uruguai e insinuando uma intervenção conjunta das Forças Armadas brasileira e argentina para "restabelecer a ordem". O imperialismo se aproximava, portanto, de

um dos seus objetivos fundamentais: estabelecer unidade entre as forças militares dos países latino-americanos para que o servissem.

Em 1968, em Colorado Springs, a VIII Conferência das Forças Aéreas Americanas discutia particularmente a execução de operações aéreas especializadas na luta contra as guerrilhas.

Nelson Werneck Sodré observa que a preocupação com as guerrilhas era obsessiva, *antes que realmente ocorressem no País atividades guerrilheiras*; quando estas na verdade ocorreram, serviram antes de mais nada

de justificativa para toda sorte de tropelias, de torturas, de violências e de arbitrariedades.

Em 1968 o treinamento se intensificava.

Em março desse ano, por exemplo, era realizada em Minas Gerais uma manobra com tropas do Exército e apoio da FAB e da Polícia Militar. Nela teriam sido empregados, segundo a notícia irônica de um jornal,

> os últimos ensinamentos adquiridos no Vietnã, na serra do Caparaó e na Bolívia.

A situação simulada era a de uma agitação (urbana) de estudantes e operários, associada a uma pregação antiimperialista.

Aliás, no Brasil, desde 1964, o exercício mais freqüente nos quartéis dizia respeito à dissolução de comícios políticos,

> levando-se esse treinamento ao requinte de figurarem soldados como "agitadores" e tidos como tais todos os que pregavam o que quer que fosse em praça pública.

Em abril de 1968, durante um exercício que envolveu a participação de contingentes das Forças Armadas, eram lançadas bombas de napalm na Amazônia.

Tratava-se de ilustrar

> a última aula de guerra na selva para 32 oficiais, alunos do CIGS, depois de cinco semanas de estudos teóricos e treinamento intensivo na floresta amazônica.

O general que presidia o exercício esclarecia que o curso de guerra na selva, ministrado em escola especializada, estava

> preparando o militar brasileiro para a contraguerrilha, em qualquer terreno em que ela se ofereça.

As Forças Armadas assumiam, portanto, a doutrina da "agressão interna" que a Escola Superior de Guerra lhes inculcara, definindo como tarefa precípua a luta contra o próprio povo. Cumpria, antes de mais nada, defender a *segurança nacional*, escudo pelo qual também se achavam evidentemente protegidos, e até de maneira privilegiada, os investimentos estrangeiros aqui estabelecidos – Hanna, Alcoa, Bethlehem, United Steel, ITT, GE, GM, Chase Manhattan e assim por diante.

A doutrina militar até então vigente estabelecera que o inimigo era provável e externo. Agora, pela que fora desenvolvida no contexto da guerra fria, o inimigo se tornava permanente e situado no plano interno: inimigos eram os próprios brasileiros que, não a aceitando, passavam a ser considerados "subversivos".

Mesmo do ponto de vista estritamente militar, essa reformulação violenta de doutrina acarretava conseqüências graves, que se refletiam na estrutura e organização das Forças Armadas, como o demonstra Nelson Werneck Sodré. Assim, a doutrina tradicional, referente a inimigo provável e externo, levava a almejar organização avançada e armamento sofisticado. Já para operar policial e repressivamente, tal sofisticação deixava de ser necessária, visto o aparelhamento adequado ser o leve, de fácil transporte e remuniciamento rápido. E havia mais:

A nova doutrina trazia, implícita, a idéia de rebaixamento da função militar – enobrecedora, desde as mais antigas tradições medievais – à função policial.

O centro de difusão dessas idéias era justamente a Escola Superior de Guerra, que se propunha

agrupar e doutrinar convenientemente os altos chefes militares das três Armas, os funcionários graduados dos ministérios e instituições estatais e paraestatais e os grandes empresários.

Em essência, tratava-se de reforçar entre essas personalidades a noção dos perigos que as liberdades democráticas encerravam, tendo em vista as reivindicações sociais e as manifestações antiimperialistas.

Organizada durante o governo Dutra sob a orientação direta de militares norte-americanos, a Escola Superior de Guerra se teria tornado

desde logo um elemento estranho inserido na estrutura política nacional e destinada a fornecer uma doutrina em tudo e por tudo estranha também ao nosso passado histórico e à nossa cultura. Tratava-se, sem qualquer ironia, de uma doutrina alienígena importada, exótica, absolutamente em contradição com os valores mais altos do povo brasileiro e com os seus interesses fundamentais.

E apesar de defender uma doutrina que não passava de um "misto de vacuidade e de dogmatismo, desprovida de qualquer elemento científico e viscerada ideologicamente", a Escola Superior de Guerra se transformou em peça

legal, revestida de autoridade, reverenciada como potência política.

Composta por militares e civis por eles politicamente selecionados, todos elementos da mais absoluta confiança, constituía um círculo fechado, embora naturalmente desse calorosa acolhida aos chefes militares norte-americanos em visita ao país.

Nessa Escola, entretanto, não entravam, sequer para fazer curso, chefes militares brasileiros que não mereciam a confiança dos golpistas indígenas. A discriminação contra estes estendia-se até à associação dos ex-alunos da ESG, cujas viagens de fim de curso aos Estados Unidos faziam parte da rotina escolar[12].

O fato é que um selecionado grupo de militares, que se autoconsiderava uma elite (a Sorbonne) passou a controlar os órgãos de ensino e de informação do Exército, bem como os da Marinha e da Aeronáutica.

Em 1964 esse grupo viu transformados em fundamento da ditadura instaurada os conceitos básicos da doutrina de segurança nacional, de cuja adoção participara ativamente o general Castello Branco. Este, por sua vez, na sua conferência de despedida da ESG, confirmava a consagração da Escola, ao atribuir-lhe a missão de formular "uma doutrina permanente e coerente de segurança nacional" que, entre outros objetivos, visasse combater o que era chamado pejorativamente de "pseudonacionalismo". Como era de se esperar, a doutrina notoriamente importada e imposta da "agressão interna" e da "guerra revolucionária" passava a ser considerada autóctone.

Houve, portanto, um processo geral de implantação de regimes ditatoriais aos países dependentes ou simples satélites, sempre, em cada um deles, em nome de uma segurança dita "nacional".

No Brasil, contudo, verificou-se um aspecto peculiar, representado pelo fato de se sucederem os chefes militares no exercício do Executivo, não se reproduzindo aqui a perpetuação no poder praticada por Gomez, Somoza, Trujilo e outros.

Nelson Werneck Sodré apresenta uma interpretação para a diversidade de modelos, apreendendo o sentido da especificidade daquele adotado no Brasil.

A fórmula foi, realmente, aperfeiçoada; a rotatividade representou a homenagem às aparências, de um lado, o lado superficial; mas do

---

12. Havia cursos de acesso exclusivo a militares, outros abertos também a civis e ciclos de conferências organizadas pela Associação dos Diplomados da ESG (Adesg).

outro lado, o lado real, representou a presença da instituição na responsabilidade pelo regime: não era o general tal ou qual o responsável pelo regime, mas o Exército ou mesmo as Forças Armadas. Abrindo perspectivas para a sucessão militar no Executivo, vinculava-se a instituição nacional e permanente ao destino do próprio regime. Verifica-se como o imperialismo sofisticou a fórmula e como a tornou muito mais efetiva[13]. O ditador militar permanente ficou destinado ao Caribe. No Chile, dadas as circunstâncias, o "modelo brasileiro" só foi aplicado no desencadeamento da ação para destruir o regime democrático. Na montagem do regime de força, quando o regime brasileiro deu sua prestimosa colaboração na repressão posterior à derrocada de Allende, diversificou-se a fórmula. O resultado foi Pinochet.

Como o livro se encontrava em fase de conclusão em 1983, quando se promovia a "abertura", o autor já alertava sobre a herança que o regime deixava ao retirar-se, e que vinha assustando os "mais corajosos e otimistas".

Quanto aos militares, como categoria, lembrava que a ditadura expulsou, demitiu, reformou e transferiu para a reserva centena deles, nos quais via agitadores, e mesmo com as Forças Armadas assim expurgadas impôs-lhes severa vigilância.

Mas aos próprios chefes Nelson Werneck Sodré, general e ex-professor da Escola de Estado-Maior, leal à carreira que abraçara, preferia antes lastimá-los pelo imenso equívoco. Supunha que, compelidos pela pressão de uma propaganda regiamente alimentada, eles se haviam deixado empurrar, no processo de fascistização,

para o isolamento com relação ao povo e para a desnacionalização da economia do país.

Preferia lançar a culpa sobre o verdadeiro responsável, que certamente continuaria a agir depois de encerrado o regime militar:

As nações latino-americanas e o Brasil, em particular, não têm possibilidade de realizar os seus destinos, compreendido nisso o bem-estar de seu povo, em associação ou subordinação ao imperialismo, responsável, entre tantos males, pela fascistização de seus regimes políticos.

13. Esse envolvimento generalizado se fez também através da rotatividade interna, decorrente da redução do tempo de permanência no serviço ativo, estabelecida por Castello Branco; de um lado se enfraqueciam os chefes, que viam sua carreira encerrada cedo, mas de outro, produzindo-se mais vagas, possibilitava-se uma ascensão rápida aos demais.

CONSIDERAÇÕES COMPLEMENTARES

Um memorando preparado por um grupo de oficiais e redigido em 1949 pelo então tenente-coronel Idalio Sardenberg sublinhava a necessidade de formar-se uma elite dirigente e administrativa, provida do conhecimento de uma "técnica racional" para a solução dos problemas pertinentes. A partir dessa premissa, era sugerida a criação de um instituto de altos estudos, destinado justamente a tornar realidade esse objetivo. Não tardava e era criada a Escola Superior de Guerra, cujo primeiro comandante foi o general Cordeiro de Farias. Subordinada ao Estado-Maior das Forças Armadas, o qual por sua vez era afeto diretamente ao presidente da República, a Escola tinha, portanto, uma alta posição política no aparelho de Estado.

Quanto à doutrina ministrada, a ESG recebia-a já pronta do exterior, em suas coordenadas gerais. O toque local era dado por esquemas inspirados em autores insuspeitos como Oliveira Vianna, no qual encontravam a crítica à alienação das elites, despreparadas ao ponto de transplantarem instituições que nada tinham a ver com o país real (e com os interesses delas). Seria provavelmente o caso das liberdades democráticas, consideradas "inadequadas" à realidade brasileira. Essa contradição entre a crítica à adoção de idéias vindas de fora ao mesmo tempo em que se importavam outras não inibia absolutamente os teóricos da ESG. Pelo contrário, muito precavidos – e sem que nada justificasse esse interesse –, dedicavam-se ao estudo atento das guerras coloniais francesas na Indochina e na Argélia.

À época da criação da Escola Superior de Guerra já se estruturava no meio militar a oposição à corrente nacionalista e legalista, hegemônica no Clube Militar.

Ainda em 1947 o Clube Militar abrigara o importante debate em torno da questão do petróleo, quando a tese defendida por Juarez Távora fora rebatida pelo general Horta Barbosa, que formulou entre nós o conceito de monopólio estatal do petróleo (na Argentina esse honroso papel coubera ao general Mosconi). Para o biênio 1948-1950 o Clube teve como presidente o general Salvador Cesar Obino, sendo vice o general Estevão Leitão de Carvalho. A entidade vinha atuando como relevante fórum para a defesa dos interesses e riquezas nacionais, merecendo a corrente nacionalista o reconhecimento da corporação que, na eleição para o biênio 1950-1952, conferiu à chapa Estillac Leal-Horta Barbosa expressiva vitória sobre a adversária, encabeçada pelo general Cordeiro de Farias.

Em 1950, a alguns meses do término do governo Dutra e sendo ministro da Guerra o general Canrobert Pereira da Costa, os adversários da corrente nacionalista desencadearam uma campanha contra ela e a diretoria recém-eleita, com grande alarde pela imprensa. Como detinham postos-chave no dispositivo militar, seus ataques, além do mais, redundaram em sérios prejuízos para a carreira dos oficiais atingidos.

Em 1951 os dirigentes dessa facção já haviam constituído um comando ostensivo, auto-intitulado Cruzada Democrática. Preconizavam que os grandes problemas nacionais fossem tratados da perspectiva de um *nacionalismo sadio* ou *nacionalismo racional*, acusando seus adversários (legalistas) de perseguir objetivos vedados à corporação. Nesse ambiente, e continuando incrustados no aparelho militar, a eleição de 1952 para o Clube se transformou numa verdadeira operação de guerra contra a corrente nacionalista, redundando no esmagamento dela.

Em fevereiro de 1954, como parte de uma manobra planejada pela Cruzada, era apresentado o famoso memorial dos coronéis, documento proveniente do Estado-Maior do Exército, e do qual resultaria a saída de João Goulart, especialmente atacado, do ministério do Trabalho. A Cruzada participava, portanto, ativamente do processo de desestabilização de um governo constitucional, que culminaria nos manifestos de brigadeiros, almirantes e generais pedindo a renúncia do presidente, e aos quais se seguiria o trágico suicídio deste.

Também a Escola Superior de Guerra se encontra presente nos acontecimentos que conduziram ao 24 de agosto de 1954 e nos quais o general Juarez Távora, que foi comandante dela, teve papel de destaque.

Mas a primeira participação explícita da ESG no processo conspirativo se deu no episódio do 11 de novembro.

Era ministro da Guerra do presidente Café Filho o general Teixeira Lott, que fora escolhido para a pasta no momento crítico que se seguiu ao suicídio, por ser bem conceituado entre seus companheiros, além de haver assinado o manifesto dos generais.

Quando, apesar de todos os vetos, a eleição presidencial de 1955 deu a vitória a Juscelino Kubistchek e ao seu vice, João Goulart, Lott naturalmente se dispôs a lhes dar posse, como era seu dever, e apesar de haver ele próprio votado em Juarez. Não era um conspirador; e apenas concordara em assinar o manifesto dos generais em 23 de agosto de 1954 por lhe parecer que a autoridade do presidente Getúlio Vargas se achava irrecuperavelmente abalada e que existia um remédio constitucional para corrigir a situação.

Do ponto de vista dos conspiradores havia, portanto, que afastá-lo do ministério. Foi nessas circunstâncias que o coronel Jurandir Bizarria Mamede, integrante da Escola Superior de Guerra, provocou um incidente ao se expressar de maneira propositalmente acintosa à beira do túmulo do general cruzadista Canrobert Pereira da Costa.

A situação era tão insólita que quando o ministro da Guerra percebeu que não conseguiria punir a indisciplina do coronel devido à condição especial da ESG[1] e briosamente solicitou sua demissão, o general Odilio Denys, comandante do I Exército, não permitiu que isso ocorresse, convencendo Lott, depois de enten-

---

1. Como a Escola Superior de Guerra era vinculada ao Estado-Maior das Forças Armadas (EMFA), por sua vez diretamente ligado à Presidência, Lott solicitara ao presidente da República que o coronel retornasse ao Exército, ou seja, à subordinação a ele, ministro, para depois de ouvido receber a punição cabível. Não sendo atendido, pediu demissão no dia 10 de novembro, mas já no dia 11 reassumia, frustrando a tentativa de golpe. O presidente da República em exercício era Carlos Luz (presidente da Câmara dos Deputados), que substituía Café Filho, o qual, consciente da delicadeza do quadro, se afastara transitoriamente a pretexto de moléstia.

dimentos com seus pares, a rever a resposta ao desacato recebido, retornando ao ministério da Guerra, o que se deu no dia 11 de novembro de 1955.

A Escola Superior de Guerra evidentemente não perdoou ao general Lott a frustração dos seus planos. Mas também registrou a conduta do general Denys (que não pertencia aos seus quadros), e apesar das subseqüentes atividades conspirativas dele. Com efeito, ao substituir Lott na pasta em 1960 (o ministro se empenhara nesse sentido ao desincompatibilizar-se para concorrer à Presidência da República), Denys passava a estabelecer sólidos vínculos com a Cruzada, para espanto dos legalistas. E uma vez eleito Jânio Quadros, adversário eleitoral de Lott, era mantido no ministério da Guerra.

Uma nova circunstância crítica se configura quando da renúncia de Jânio em 25 de agosto de 1961.

A situação era delicada. Jânio Quadros não revia a renúncia e mesmo o Congresso logo a aceitara. Mas os ministros militares Odilio Denys, Grün Moss e Silvio Heck se recusavam a dar posse ao vice-presidente João Goulart.

Contudo, a Nação resistiu e o presidente João Goulart pôde assumir no início de setembro, embora com seus poderes restringidos pelo parlamentarismo, o que posteriormente o plebiscito de 6 de janeiro de 1963 corrigiu.

Do ponto de vista do triunvirato mlitar o comportamento dos militares legalistas traduzia o estranho delito de haverem feito "ressalvas às ordens e orientação dos ministros militares". Mesmo depois de empossado o novo presidente, passando a ocupar a pasta da Guerra o general Segadas Viana, a situação deles não se alterava. Apenas em outubro o Congresso lhes concedia anistia, perdoando-lhes uma "indisciplina" que a rigor não haviam cometido.

A força do setor conspirativo, infiltrado intimidadoramente em todas as áreas, era grande. No entanto, não era possível poupar de todo os golpistas.

Foi assim que o coronel Golbery do Couto e Silva, chefe de gabinete da secretaria-geral do Conselho de Segurança Nacional no período Jânio Quadros, uma vez dada a posse a João Goulart e substituído o ministro Denys, preferiu solicitar passagem para a reserva, com a patente de general, passando a dedicar-se ao Instituto de Pesquisas e Estudos Sociais (Ipes). Já em 1959, sempre afinado com as últimas diretrizes pentagonistas, o então coronel Golbery escrevia que a América do Sul se encontrava sob ameaças muito palpáveis que, a qualquer tempo, podem vir a concretizar-se em surtos insurrecionais, objetivando, embora não declaradamente, a implantação em território sul-americano de um governo favorável à ideologia comunista e que se constitua em grave e urgente perigo à unidade e segurança das Américas e de todo o mundo ocidental.

Considerava importante que nos preparássemos a fim de enfrentar esse perigo

para que, ocorrendo ele, não nos vejamos na contingência desprimorosa, humilhante mesmo e, além do mais, prenhe de riscos incalculáveis, de recorrer a forças alheias para que venham, em território nosso, acudir à nossa incapacidade, assim comprovada, de manter as instituições democráticas e livres e o estilo de vida cristão pelos quais sempre optamos[2].

Mas em 1961 esse "preparo" ainda não se consumara na medida adequada. Em 1961, como em 1954 e 1955, a conspiração visaria precipuamente entregar o poder à facção civil contrária, considerada mais confiável.

Para implantar o regime militar havia uma premissa básica a ser cumprida, além da articulação de todos os conspiradores indistintamente: a manutenção do real comando no âmbito da Escola Superior de Guerra. E por isso mesmo que os militares que alcançaram êxito no desencadeamento do golpe (até antecipando-o por desconhecerem o cronograma acertado com os diplomatas estrangeiros) tendiam a valorizar os seus méritos, impunha-se marginalizá-los rapidamente. Quanto aos comandantes de tropa sem qualquer afinidade com essa elite, suas pretensões eram simplesmente toleradas, enquanto ainda não havia opção. Não bastava ser conspirador. Era preciso pertencer à Escola Superior de Guerra.

E uma vez havendo empalmado o poder, o grupo dirigente da ESG passava a aplicar sua instrução tática e estratégica no enfrentamento político com o poder civil (*o inimigo*), derrotando-o por partes e evitando a formação de uma coalizão com a qual fosse difícil lidar. Paralelamente servia-se dos comandos da tropa, estimulando-os na direção do endurecimento.

---

2. Golbery do Couto e Silva, "Dois pólos da segurança nacional na América Latina", *Conjuntura Política Nacional: O Poder Executivo & Geopolítica do Brasil*, 3ª ed., Rio de Janeiro, José Olympio, 1981, pp. 193-194.

Na primeira gestão, a Escola Superior de Guerra fornece o presidente (Castello Branco), o chefe do Serviço Nacional de Informações (general Golbery), o chefe da Casa Militar (general Ernesto Geisel) e o ministro do Interior (general Cordeiro de Farias).

Mas mesmo no período subseqüente suas figuras de proa estão sempre nos postos vitais. O presidente pode ser Costa e Silva (assumidamente representante da tropa), mas o ministro do Exército, general Lyra Tavares, integra o círculo seleto.

Quando se reúne o Alto Comando do Exército no dia 15 de setembro de 1969, são escolhidos para compor a comissão de três generais encarregada de determinar a forma do processo sucessório o general Bizarria Mamede, pivô da ameaça debelada em 11 de novembro de 1955, e o general Antonio Carlos da Silva Muricy; apenas o terceiro, o general Médici, que seria designado presidente, não pertencia à ESG.

O general Orlando Geisel, comandante do III Exército na gestão Castello, é o chefe do Estado-Maior das Forças Armadas com Costa e Silva, e ministro do Exército no governo Médici.

A continuidade era perfeita e também era claro o objetivo: a extirpação de uma estrutura político-partidária e econômico-social que permitia ao clamor que se levantou pelo País todo, no pré-64, em prol das imprescindíveis reformas sociais e nacionais, encontrar ressonância e, quem sabe, tornar-se eficaz[3].

---

3. Atualmente assistimos a uma louvável reformulação doutrinária na ESG e no conjunto das Forças Armadas. A firmeza demonstrada pelo comandante da ESG, brigadeiro Sergio Xavier Ferolla, na defesa dos interesses nacionais, é expressiva a esse respeito.

BIBLIOGRAFIA SUCINTA

Além de fontes primárias como leis, decretos, atos institucionais, Constituição de 1967, emendas constitucionais, destacamos:

ALVES, Hermano. "Força Interamericana Permanente de Paz: o braço armado do Império", *Política Externa Independente*, n. 2, Rio de Janeiro, 1965.

_____. "Forças inermes", *Correio da Manhã*, Rio de Janeiro, 25 de janeiro de 1968.

CASTELLO BRANCO, Carlos. *Os Militares no Poder*, vols. 1 e 2, Rio de Janeiro, Nova Fronteira, 1977 e 1978 respectivamente.

DINES, Alberto e outros. Os *Idos de Março e a Queda em Abril*, Rio de Janeiro, José Alvaro Editor, 1964.

PEREIRA, Osny Duarte. *Ferro e Independência*, Rio de Janeiro, Civilização Brasileira, 1967.

_____. *A Constituição do Brasil (1967)*, Rio de Janeiro, Civilização Brasileira, 1967.

REVISTA Civilização Brasileira, Rio de Janeiro, Coleção.

ROCHA, Euzébio. *O Acordo de Garantias*, São Paulo, Fulgor, 1965.

SILVA, Helio e RIBAS CARNEIRO, Maria Cecília. *Os Governos Militares*, Coleção História da República Brasileira, Editora Três.

Sodré, Nelson Werneck. *O Governo Militar Secreto*, Rio de Janeiro, Bertrand Brasil, 1987
_____. *Vida e Morte da Ditadura*, 2ª ed., Petrópolis, Vozes, 1984.

HISTÓRIA NA PERSPECTIVA

NOVA HISTÓRIA E NOVO MUNDO - Frédéric Mauro (D013)
HISTÓRIA E IDEOLOGIA - Francisco Iglésias (D028)
A RELIGIÃO E O SURGIMENTO DO CAPITALISMO - R. H. Tawney (D038)
1822: DIMENSÕES - Carlos Guilherme Mota e outros (D067)
ECONOMIA COLONIAL - J. R. Amaral Lapa (D080)
DO BRASIL À AMÉRICA - Frédéric Mauro (D108)
HISTÓRIA, CORPO DO TEMPO - José Honório Rodrigues (D121)
MAGISTRADOS E FEITICEIROS NA FRANÇA DO SÉCULO XVII - R. Mandrou (D126)
ESCRITOS SOBRE A HISTÓRIA - Fernand Braudel (D131)
ESCRAVIDÃO, REFORMA E IMPERIALISMO - R. Graham (D146)
TESTANDO O LEVIATHAN - Antonia Fernanda P. de Almeida Wright (D157)
NZINGA - Roy Glasgow (D178)
A INDUSTRIALIZAÇÃO DO ALGODÃO EM SÃO PAULO - Maria Regina de M. Ciparrone Mello (D180)
HIERARQUIA E RIQUEZA NA SOCIEDADE BURGUESA - A. Daumard (D182)
O SOCIALISMO RELIGIOSO DOS ESSÊNIOS - W. J. Tyloch (D194)
VIDA E HISTÓRIA - José Honório Rodrigues (D197)
WALTER BENJAMIN: A HISTÓRIA DE UMA AMIZADE - Gershom Scholem (D220)
COLÔMBIA ESPELHO AMÉRICA - Edvaldo Pereira Lima (D222)
DE BERLIM A JERUSALÉM - Gershom Scholem (D242)

NORDESTE 1817 - Carlos Guilherme Mota (E008)
CRISTÃOS-NOVOS NA BAHIA - Anita Novinsky (E009)
VIDA E VALORES DO POVO JUDEU - Cecil Roth e outros (E013)
HISTÓRIA E HISTORIOGRAFIA DO POVO JUDEU - Salo W. Baron (E023)
O MITO ARIANO - Léon Poliakov (E034)
O REGIONALISMO GAÚCHO - Joseph L. Love (E037)
BUROCRACIA E SOCIEDADE NO BRASIL COLONIAL - Stuart B. Schwartz (E050)
DAS ARCADAS AO BACHARELISMO - Alberto Venancio Filho (E057)
HISTÓRIA DA LOUCURA - Michel Foucault (E061)
DE CRISTO AOS JUDEUS DA CORTE - Léon Poliakov (E063)
DE MAOMÉ AOS MARRANOS - Léon Poliakov (E064)
DE VOLTAIRE A WAGNER - Léon Poliakov (E065)
A EUROPA SUICIDA - Léon Poliakov (E066)
JESUS E ISRAEL - Jules Isaac (E087)
A CASUALIDADE DIABÓLICA I - Léon Poliakov (E124)
A CASUALIDADE DIABÓLICA II - Léon Poliakov (E125)
A REPÚBLICA DE HEMINGWAY - Giselle Beiguelman - Messina (E131)
MISTIFICAÇÕES LITERÁRIAS: "OS PROTOCOLOS DOS SÁBIOS DE SIÃO" - Anatol Rosenfeld (EL03)
PEQUENO EXÉRCITO PAULISTA - Dalmo de Abreu Dallari (EL11)
GALUT - Itzhack Baer (EL15)
DIÁRIO DO GUETO - Janusz Korczak (EL44)
O XADREZ NA IDADE MÉDIA - Luiz Jean Lauand (EL47)
O MERCANTILISMO - Pierre Deyon (K001)
FLORENÇA NA ÉPOCA DOS MÉDICI - Alberto Tenenti (K002)
O ANTI-SEMITISMO ALEMÃO - Pierre Sorlin (K003)
MECANISMOS DA CONQUISTA COLONIAL - Ruggiero Romano (K004)
A REVOLUÇÃO RUSSA DE 1917 - Marc Ferro (K005)
A PARTILHA DA ÁFRICA NEGRA - Henri Brunschwig (K006)
AS ORIGENS DO FASCISMO - Robert Paris (K007)
A REVOLUÇÃO FRANCESA - Alice Gérard (K008)
HERESIAS MEDIEVAIS - Nachman Falbel (K009)
ARMAMENTOS NUCLEARES E GUERRA FRIA - Claude Delmas (K010)
A DESCOBERTA DA AMÉRICA - Marianne Mahrt-Lot (K011)
AS REVOLUÇÕES DO MÉXICO - Américo Nunes (K012)
O COMÉRCIO ULTRAMINO ESPANHOL NO PRATA - E. S. Veiga Garcia (K013)
ROSA LUXEMBURGO E A ESPONTANEIDADE REVOLUCIONÁRIA - Daniel Guérin (K014)
TEATRO E SOCIEDADE: SHAKESPEARE - Guy Boquet (K015)
O TROTSKISMO - Jean-Jacques Marie (K016)
A REVOLUÇÃO ESPANHOLA 1931-1939 - Pierre Broué (K017)
WEIMAR - Claude Klein (K018)
O PINGO DE AZEITE: A INSTAURAÇÃO DA DITADURA - Paula Beiguelman (K019)
INVASÕES NORMANDAS: UMA CATÁSTROFE? - Albert D'Haenens (K020)

Impresso na **Prol** editora gráfica ltda.
03043 Rua Martim Burchard, 246
Brás - São Paulo - SP
Fone: (011) 270-4388 (PABX)
com filmes fornecidos pelo Editor.